翻轉學

翻轉學

# $

# WORK OPTIONAL
The Non-Penny-Pinching Guide to Early Retirement

# 不被工作綁住
# 的防彈理財計畫

告別傳統職場的多型態退休，讓你經濟獨立，
擁有理想生活的選擇權

湯雅‧海斯特 TANJA HESTER 著 張家綺 譯

「你可以成為什麼樣的人，是你憑藉事業所能實現的人生奇蹟。」

——寇特・馮內果（Kurt Vonnegut）

「但這個事業是什麼，以及你要投入多少心力，一切決定權在你。」

——湯雅・海斯特

# 目 錄 CONTENTS

$ Part 3 不被工作綁住的美好人生

# 好評推薦

「每位規劃提早退休人必看的一本書。」

－ Miss Q，債券、類債券退休的投資專家

「如果你想要財務獨立、有能力常出國度假、有時間做喜歡的事情，或滿足你的任何夢想，就必須善用時間的複利威力。只要事先擬定計畫，上述願望是可以實現的，本書教你如何規劃並付諸實行，值得細細品味。」

－ 周文偉（華倫），《流浪教師存零股存到 3000 萬》作者、價值投資存股達人

「一本過來人的理財計畫，三章講工作、一章講理財工具、一章講醫療保險、一章講退休金制度，最後六章講執行步驟與成功心法；一個完整的退休理財計畫，正該如此涵蓋各方面，每個人都該花點心思，打造屬於自己的防彈理財計畫。」

－ 陳思聖，大詩人的寂寞投資筆記版主

「本書作者正巧是我在美國認識的朋友，認識 Tanja 的時候，她與先生還正在往財務自由目標努力，幾年後，他們真的達成目標！雖然他們的故事背景在美國，但是，透過計畫達成

財富自由的方法，適用於所有人。」

　　　　── 曾琬鈴，Winnie 散漫遊版主、《不上班也有錢》作者

　　「退休真義是退而不休，在自己有熱情的領域發揮所長，才是世上最美妙的事情。誠摯推薦這本書。」

　　　　　　　　　　── 施雅棠，《30 歲警官靠美股提早退休》作者、
　　　　　　　　　　　　　　　　　　　　　　　　　　　　美股夢想家版主

　　「這是一本明確且鼓舞人心的指南，讓你重新思考工作、金錢以及時間的意義。如果你想要活出自己的人生，讀這本書吧！」

　　　　　　　　　　　　　　　　　　　　　── 約翰・澤拉斯基，暢銷作家

　　「這本書讓你知道如何達到提早退休，思考該怎麼削減支出、增加收入與儲蓄，並且提升利率。」

　　　　　　　　　　　　　　　　　　　　　　　　　　── 《紐約時報》

　　「本書提供一個切實可行的方法，來實現被大家認為遙不可及的夢想──提早退休。作者概述了在完全退休前你該如何規劃儲蓄，也為那些財務資源較少的人提供了半退休、事業中斷的建議。書中詳細介紹這個理財計畫，為了獲得穩定被動收入，該如何計算年度預算以及怎麼選擇投資方式。」

　　　　　　　　　　　　　　　　　　　　　　　　　　── 《紐約郵報》

**推薦序**

# 幸福退休的真義

—— 王志鈞，財經暢銷作家、
王老師財富管理學院執行長

我 36 歲離開職場，46 歲就宣告退休。

很多人認為，我一定賺了不少錢，不然就是靠投資理財實現財務自由的夢想了。

事實也許跟多數人想的不一樣，退休不是指每天什麼事情都不做，而是徹底規劃好人生想做的事情，並籌措預算，加以完成。

如果你的收入來源主要仰賴工作，就接受這件事情，並讓工作變成一件自己能主導的快樂工作。

如果你能堅定信念，像本書作者一樣勇敢，透過正念、極簡主義以及精準穩定的理財策略，也許很快就能達到財務自由的退休門檻。

過去十多年來，我自己雖是財經作家，寫了不少投資理財書，但我沒有用這樣高門檻的方式來督促自己做財務自由的投資規劃，但這並不意謂我財務不自由。

　　所謂財務自由，應該是指內心對自己想要的生活目標很清楚，並且能縝密規畫出一生安全無虞的財務計畫。雖然很多人認為財務自由係指要有很多不用花勞力的被動收入，或者是投資收益，但打造財務自由計畫的一開始並非如此。

　　財務自由的基礎，是觀念上的自由，先拿回人生的主導權，而後才可能依照自己想過的生活目標，建立財務預算，最終貫徹實踐，持之以恆地打造符合自己期望的財務計畫。

　　唯有觀念上先獨立自主，才能明白作者所羅列的「實踐財務獨立的十大準則」（參考 287 頁）。

　　其中，第一點和第十點，可說是重中之重。如果你能參透玄機，或者在你尚未成功完成本書所謂的「防彈理財計劃」之前，心態上就已經可以從現有的工作上退休了。

　　提早退休並不難達成，難的是一般人受金錢匱乏的焦慮所制約，無法役使金錢，反為金錢所奴役，才會感覺提早退休難如登天吧。

## 前言

# 不為五斗米折腰的
# 「多型態退休」

　　週五夜的 8 點鐘，照慣例，我在沙發上睡著了。老樣子，我的老公馬克也在一旁昏睡。這已經成為我們的生活常態：一整週工作忙碌，睡眠不足，最後精疲力竭，用昏睡迎接週末，疲倦到連一個 30 分鐘的電視節目都看不完。凌晨 1 點鐘左右，我會醒來，搖醒馬克，然後兩人步履蹣跚倒回床上，在這短短幾十步的路程，我不禁心想：**工作拚成這副德性，為的就是這個？這就是成功的感覺？**

　　不久之前，所謂的工作和現在相比，根本是天壤之別。在永無止境追求效率及利潤的競逐之中，公司期望員工能達到工時長、薪水低的要求，即使是下班時間也得有求必應。這個社會給所有企業家和自由工作者的忠告，不外乎是成功的首要條件，就是「全年無休的打拚」。我們庸庸碌碌追逐著新工作、升遷或機會，卻不見得真正進步，也沒有比較快樂，而是

陷入無限循環的電子郵件和權力消長。這種毫無意義的汲汲營營，給人一種身在電動遊戲裡賺取虛擬錢幣的錯覺。**平日努力工作為的是一份薪水、週末生活，然後再花錢消除工作帶來的壓力。**

　　但你不必因為別人也是這樣，就照別人的腳本過活。你可以自創腳本，掌握自己每一天的時間，從要做多少工作到是否需要設定鬧鐘，全都由你作主。我會教你打造一個不被工作綁住的人生，這絕非不可能的任務。

　　我過去曾擁有一個充滿使命感的美好事業，我的工作是公關顧問，幸運地能夠與個人理念相符的政治競選活動和非營利組織合作，親眼見證我的工作直接幫助他人。我真的很榮幸，合作對象都是聰明絕頂、工作賣力、慷慨和善的人物，正因如此，大多時候我的工作很有趣。但即使是這樣一份好工作，可以讓我在職場上步步高升，還是抵不過日積月累的疲憊與壓力，也沒辦法甩掉人生不受控的感受。

　　雖然我真的很熱愛我的工作，但在這段職業生涯裡，我經常當空中飛人，好幾百個夜晚都在遠離家鄉的飯店裡度過，每週工作時數超過七十個鐘頭、熬夜加班時數多到我數不清。工作為他人帶來的影響力或許感覺不錯，但是工作步調卻難以持久，這一點我心知肚明。我也很清楚升官無法讓我快樂起來，若真要說，落在肩上的更多責任反而讓我壓力爆表、疲累不堪，覺得我距離工作的初衷越來越遙遠，也讓我越來越懷疑我

的人生方向。我爬得越高，就越沒有時間陪伴我最在乎的人，更別說去從事我熱愛的活動，導致我的生涯目標完全跟我渴望的快樂與成就感背道而馳。即使我樂在工作，自己的時間與精力卻貢獻用在他人的生涯規劃上，而不是自己。

你可能也深有同感，不禁納悶自己埋頭苦幹，到頭來究竟獲得什麼。或者好奇著你是否真可能在生活縫隙中捕捉到一點時間，陪伴自己真正在乎的人、做自己真正喜歡的事。你很擔心時光就這麼一去不復返，可能走到人生盡頭才驚覺，你的夢想及對你具有意義的事，一件都沒完成。或許你汲汲營營、追逐名利，卻忽然覺醒，即使獲得了這一切，你並沒有比較快樂，你不過是為了保住地位，年復一年持續工作。

在自我懷疑的升職過程中，我遇見我的丈夫馬克。身為政治研究員的他，當時也正處於同樣嚴峻陡峭的職業生涯道路。我們以自己的事業生涯為榮，暗自慶幸我們是為自己敬重的公司和人物效命，同時卻也看見工作對我們造成的職業傷害：睡眠不足，壓力連帶影響健康，想脫離工作一、兩個鐘頭都辦不到，這讓我們變得非常需要週末的滋潤（即使週末往往還是在工作中度過，不然就是一路睡到工作日），以及短到不能再短的假期。我們不單是想擺脫事業帶來的長期壓力和過勞，當然也想從事我們想做的事。

只要一逮到機會，我們就會從洛杉磯開好幾個鐘頭的車，前往內華達山脈（Sierra Nevada），冬季就滑雪、夏季則登山健

行。站在冰點以下的高海拔制高點，沉浸在黎明的冷冽空氣之中，我們拉開帳篷拉鍊，在遠離塵囂的孤寂，凝視著太陽冉冉升起；再不然就是趁著日出前衝到滑雪坡，盼望在大雪初降這天，搶到第一個見證此刻的難得殊榮，諸如此類的時刻最讓我們有活著的感覺。回到家後，我們喜歡擔任社區義工，因為我們很清楚，這麼做最能直接幫助到有需要的人。但隨著工作職責加重，上山、踏入社區的時間縮減，總讓我們覺得工作奪走了自己熱愛的事情。

某個週五夜又不小心在沙發上睡著後，我們決定不再用這種方式度過未來的三、四十年，於是我們選擇打造一種截然不同的人生：我們要的是能夠滿足個人需求的人生，而不是一個聽從雇主或客戶要求的人生。於是，不被工作綁住的人生揭開序幕。

我們從洛杉磯搬到接壤太浩湖的山區，接著我的個人部落格「下一站人生」開張，記錄提前退休的路程，後來也聽到許多來自世界各地的讀者發出深有同感的心聲。他們也**不希望等到六十多歲，才從老闆手中奪回自己的人生**。既然你也在讀這本書，我猜你應該感同身受。

精心策劃逃離計畫後的第 6 年，我們總算向工作說再見，展開再也不用為五斗米折腰的嶄新人生。我當時剛滿 38 歲，馬克剛滿 41 歲。現在，我們滑雪的次數史無前例，幾乎天天健行登山，也更常擔任義工，而這些活動取代了工作，賦予我

們人生更多使命感，現在我們也有空進行對自己別具意義的創作。我每天腦海至少會浮出這句話一次：我真不敢相信這不是一場夢。我們滿懷感激地發現，其實只要**稍微改變金錢觀，跳脫大多人的慣性思維，我們就能重新找回時間，實現不被工作綁住的夢想。**

如果你願意改變金錢觀，偶爾背棄過去相信的「正確」人生觀念，你也能打造出屬於自己的夢想人生。

這本書的用意不是要反工作，工作是很正面又高貴的事，無論是否正式聘約就業，世上的每個人幾乎沒有人是不用工作的。身為人，我們天生就希望自己有生產力，而工作則是一種發揮生產力的管道。工作能賦予人類使命感，讓人覺得可以貢獻社會，個人能力派得上用場。真正的問題並不出在工作本身，而是當今社會上盛行的工作文化。在這個文化底下，有太多人庸庸碌碌，掛著黑眼圈，昭告天下個人狀態。這個文化告訴我們，你必須忙到不可開交才叫作有價值，我們不只工作時屬於雇主或客戶，每個清醒的時刻，我們都屬於他們，但我們無福消受。

正是如此，我們才會讀到這麼多研究，證實多數人已知的一件事：現今的工作文化正漸漸壓垮上班族。職場上的身心俱疲成了一種流行病，[1] 員工壓力罩頂、精疲力竭。[2] 每週工作五、六十個鐘頭已經司空見慣，甚至更長工時都有可能。[3] 在父母或祖父母那一代，很少有人會帶工作回家，每天下班後老

闆當然也找不到人，可是現在我們卻得時時刻刻守在工作旁。
到了週末，有一半的人會查看工作郵件，即使生病，也有將近
一半的人收信，有三分之一的人就算放假了還繼續查看電子郵
件（這樣真的是放假嗎？）。[4] 一般來說，高階員工每天被逾兩
百封電子郵件淹沒。[5] 即使我們真的喜歡自己的工作，還是不
免覺得工作過勞，迫不及待想逃跑。

　　現代人的整體工時更長了：1979 年，美國人一年平均工作
1,687 個鐘頭，當今紀錄卻高達 1,863 個鐘頭，等於一年就多出
將近四週的正職工作量。[6] 不分位階，每 10 個員工中，就有 9
人覺得時間不夠用，無法完成受託工作量。[7] 員工受託不可能
的任務，喪失自我關機的時間，無法好好照顧個人身心健康。

　　與此同時，現代人對工作的安全感也比不上過去，即使是
熱愛工作、無法想像提前退休的人也一樣。許多產業不敵科技
改革和低價競爭市場，不得不屈服於工作外包、機會外流、機
器人取代人工的情況，或是面臨實體店面經營不下去的窘境。
有些產業甚至遭到淘汰，陷入瀕臨絕跡的困境。有的員工則可
能從事具有傷殘風險的工作，只怕職業生涯會因傷毀於一旦。

　　怪不得這麼多人渴望從節奏緊湊的高壓工作中獲得解脫，
我們想做自己真正想做的工作，能夠放慢步調、兼顧健康和安
全感，或者是與眾不同、讓人生更有意義的工作。

　　這也正是本書的用意：**向庸碌高壓的工作文化奪回你的自
主權，自行決定工作在你人生中扮演的角色，而不是讓社會為**

**你做決定。**

要什麼樣的工作人生，全憑你個人想像，從零受薪的完全提早退休，到兼職工作、按照自己方便的時間，接季節性工作皆可。也許這種生活可以帶你**逃離傳統工作制度，讓你在安置好的財務安全網內從事有意思而不是壓力爆表的工作**。你也可以展開全職旅人生活，何時何地都可以工作。也可能是以服務為主的工作，從事義工或社會運動。

不被工作綁住的人生樣貌和感受全讓你自己定義。你的人生旅程由你個人形塑，從你選擇的道路、到達目的地的路程長度，決定權都掌握在你手裡。如果你覺得退休兩個字太沉重，可以用別的名詞，稱呼這個目標為財務獨立或財務安全，或者不被工作綁住的人生都可以。跟知道自己想要什麼相比，你選用的名稱其實沒那麼重要。

 ## 打造不被工作綁住的理財計畫

這不是一本告訴你只要縱身一跳，神奇安全網絕對會接住你的實用理財書，也不會對世界的財務現狀視而不見，冠冕堂皇地告訴你，人人都能月入百萬美元、一夜擺脫債務。我並不打算說服你扛下龐大風險，也不能承諾要是照我的方法執行，你就會獲得和我一模一樣的結果。畢竟這是屬於你的人生旅程，不是我的。

　　這本書要做的是帶你面對屬於你的現實，做出最適合你的選擇。你會從這本書找到一套踏實謹慎、全面詳實的理財計畫，為你個人的情況量身訂做，面對未來風暴時，這套人生計畫就能保護你，並讓你在人生路上保持動力。如果你選擇的是不那麼謹慎的方法，也很棒！我的目標是給予你所須的情報，幫你量身訂做一個不被工作綁住的人生，並且賦予你力量，讓你做出最適合自己、最符合你個人特殊情況的選擇。

　　本書分成三大部分：

　　Part 1 要請你想像振奮人心的提早退休、半退休或事業中斷人生，例如：每五年休息一年，或是十年休息一次。書中也會講到在傳統就業模式中找到意義和成就感的方法，仔細檢視你目前的人生，思考為了實現夢想，你願意改變或放棄哪些事。你是否願意委身住在較小的屋子裡、放棄房車，抑或不再買非必要品（不用擔心，以上都不是非做不可，但你改變的意願越高，越能提早達成目標）。

　　Part 2 是理財計畫，帶你瞭解你目前的開支，並且預測未來開銷。你會學到扎實的提早退休理財計畫，並且決定需要多少儲蓄才能安穩退休或進入半退休狀態，創造一個不用勒緊褲帶的儲蓄計畫和時間軸，並且保證計畫成功，例如：自動存款，如此一來就不用每個月都要喚醒你那少得可憐的意志力，硬掏出一筆錢。Part 2 也會講到增加收入、減少開支、加快儲蓄目標完成的策略，可能是轉換至更高薪的事業跑道，或是搬

到生活開銷較低的地區，打造安穩安全的權變計畫。

　　Part 3 會回到生活層面。到了這個階段，工作第一的人生已不再必要，接著便是規劃要怎麼適應不再需要工作的人生，在財務和情緒層面做足準備，將個人健康設為最高順位，善用你的空檔時間。最重要的是，教你度過最適合你的人生。

　　我會在這本書裡分享個人故事，帶你認識提早退休的可能途徑：我和馬克是怎麼想像我們心目中不被工作綁住的人生，而不是工作擺第一的傳統人生，還有我們是怎麼打造背後支持的理財計畫，然後利用完全可行的步驟，在極短時間內實現這個願望。但我也希望你讀到其他可行方法時產生靈感，這也是為何我要在書裡提到這麼多人的故事。尤其要是你有小孩，可能覺得不被工作綁住的人生遙不可及，所以書中提到的案例，主角多半是家長，而不是像我和馬克這種沒有小孩的夫妻檔。

　　從有孩子的提前退休家庭，到一人也辦得到的單身貴族，乃至收入相加不及六位數卻以意想不到的驚人速度存到錢的夫妻檔，觀察這些案例時你會發現，其實只要存得到一點錢，幾乎人人都能達到提早退休的夢想。你的狀況或起點不是重點，無論如何你都能從這本書找到一套詳盡具體的計畫，實現你減少工作、豐富生活的夢想。

　　我希望你讀完這本書，看到這麼多提前退休的不同做法後充滿靈感，想像工作擺第二的未來，拿出毅力追求夢想，彷彿你的人生全要靠它了（真的要靠它）。若想要成功，你就得拿

出拚搏的動力。以下我就先提出幾個現實的問題：

- 你夢想中不被工作綁住的人生，具體應該是什麼模樣？
- 為達目標，你願意犧牲目前生活的哪一層面？
- 當你走到人生盡頭，回顧這一生，你希望自己度過了什麼樣的人生、做了哪些事？

　　請準備好痛定思痛一番，回答一些你學到的東西，思考踏上這條人煙罕至的道路，會經歷哪些過程。我敢向你保證，這麼做很值得。因為追求不被工作綁住的人生時，做法不分對錯，只有適不適合你。

PART 1

# 跳脫傳統就業模式，
# 不必做到老才退休

在我們擬定理財計畫，探討該怎麼實現不被工作綁住的人生前，
你得先打造屬於自己的人生願景，
否則就像開車上高速公路，卻不知道要開往哪個目的地。
準備好了，來做大夢吧！

# 第1章
# 改寫社會既定的職涯腳本，提早退休

*想收穫多少，就得拿多少人生光陰來換。*

*——亨利・大衛・梭羅（Henry David Thoreau），*
*美國作家、詩人、哲學家、廢奴主義者、超驗主義者*

　　說到提前退休，我恐怕是大家最意想不到的那個人。品學兼優的我，活脫脫就是麗莎・辛普森（Lisa Simpson，動畫《辛普森家庭》的角色，非常聰明）的原型，絕對不是你想像中那個心甘情願離開位高權重的事業和優渥薪資的人。

　　我在校時期不僅學科拿全優，擔任校刊編輯，更是數學比賽冠軍（我八成馬上推翻你的幻想，沒你想的那麼酷），只要參與社團，幾乎必擔任社長角色（包括西洋棋社，你知道我有多不酷了）。高中畢業紀念冊裡，我獲得的最高評價就是「最有可能統治世界的女王」。沒錯，我就是這種女生，而且我樂在其中。我樂於相信自己做的事都是正確的，在邁向成功事業的道路時，一一打勾確認完成的成就，更是樂此不疲，我很清

楚事業成功能讓我非常快樂又有成就感。我已經準備就緒，現在只差一頭栽入事業、改變世界，走上自我實現的道路。畢竟一直以來，我們學到的道理不就是這樣？

　　就在我踏入真實世界後沒多久，我就體會到世界的殘酷，情況不會正如我預期發展。我開始第一份工作前，心靈導師就警告我切勿踏上他們的事業道路，其中一人是我在夢寐以求的美國公共廣播電台（National Public Radio）實習時的心靈導師，另一人是我就讀美國加州大學柏克萊分校時最敬重的教授。當時我很肯定，要是哪天我能夠走到他們的身分地位，肯定會以自己為傲，但他們的反應都有點不置可否。我離開校園前就知道，我在報社裡肯定將大有作為，甚至日進斗金，但工作可能無法如預期滿足我。並不是說工作不好，也不是說你不應該全心投入工作，而是除非你是少數幾個幸運兒，可以從事真正適合你的行業，否則嚮往在嚥下最後一口氣前做些與工作無關的事，其實沒有什麼不對。

　　以下是我們在學校裡學到人生應該做的事：考好成績，上大學，選擇事業跑道或展開個人事業，賺取穩定收入，隨著薪水三級跳，生活開支也跟著升等，然後在工作崗位待到 65 歲。這個腳本說，在某個人生的轉角，我們會遇到一個人生伴侶（也可能是兩、三個），或許會生幾個孩子、買幾台新車、培養幾樣嗜好、買些玩具、度個假，一旦工作得夠久，就能打一整天高爾夫球犒賞自己，或是搭乘各式郵輪遊山玩水。幸福或成

就感哪天會降臨，我們無從得知，但一定會來的。

　　大多人都是按照遊戲規則走，即使遊戲根本毫無勝算，也照玩不誤。**相信沒有一個老闆會對你說：「我要幫你升官加薪，今後你工作就不用那麼辛苦了。」真相是，你只可能越來越拚。責任和壓力排山倒海而來，工時拉長，工作以外的時間仍然不堪其擾。確實，你是可能加薪了，不過加薪的代價很大，要我們拿腦容量甚至是夢想來換。**

　　不過，有個好消息想告訴你：你的人生大可不必按照這個腳本走，這場遊戲還有其他玩法，你可以選擇提前退出遊戲，而現在就是重新定義規則的時刻。

 ## 退休年齡沒有絕對，
## 不必朝九晚五到 65 歲

　　退休是一個充滿想像畫面的名詞，講到退休兩個字，腦海中難免會浮現自己坐在海灘，手裡端著一杯插有小雨傘的雞尾酒的畫面，而且再也不用回去工作。但實際情況是：對絕大多數的現代退休人士來說，這個畫面並不屬實，從歷史角度來看也是。退休的概念在 1800 年代後期崛起，但即使在當時都很少有人真正退休。從歷史來說，人類多半會持續工作到心臟停止跳動的那一天，儘管如此，還是和現代這種隨傳隨到、工作量超載的情況不同。即使是在經濟繁榮的 21 世紀，退休人士

空前的多，很多人即使退休仍會繼續做事。

根據美國勞動統計局（Bureau of Labor Statistics）的數據，
65 ～ 74 歲的成年勞工參與率持續升高，到了 2022 年將高達
32％，75 歲以上的高齡勞工則多達 11％。[1] 這群勞工之中，有
一些人不曾退休，但有更多是屬於「事業第二春」的類型，可
能從事他們覺得較為趣味或有使命感的兼職，大多為義工和服
務性質工作，目的是讓退休生活更有意義，把時間用在類似工
作的事情上，重新定義退休。

在 19 世紀末的普魯士（現今德國）正式出現退休概念，
由鐵血宰相俾斯麥（Otto von Bismarck）推動，然而退休的初
衷並不是出於好意，讓勞工獲得應得的休閒，而是踢走效率不
高的年邁勞工，讓位給年輕勞工。經濟學家設定的退休年齡是
70 歲，但幾乎沒幾個人能到這把年紀才退休，享受到退休制度
的甜頭。

19 世紀中葉到 20 世紀初，美國為軍人及消防員和教師等
大城市的公職人員設立退休撫卹制度。1875 年，美國運通銀行
首創私人年金，然而當初這些制度的用意都不是為了讓員工休
息。1935 年，美國通過社會福利法案，設定退休年齡為 65 歲，
然而當時美國男性的平均壽命只有 58 歲，[2] 雖然多數成年人要
活到 65 歲不成問題，但是很多勞工享受不到新制度的甜頭。
這是經濟大蕭條發生後不久制定的政策，鼓勵老年勞工離開職
場，把為數寡少的工作讓給年輕人。

　　和普遍觀點不同的是，**退休年齡其實沒有「絕對」**。雖然我們覺得 65 歲是正確的退休年齡，但這是首創社會福利法案時，經濟學家和精算師為達財政平衡而武斷得出的數字，並不是 65 歲真的有什麼特別之處。[3] 事實上，如果從長久趨勢來看，現代人退休的年紀比以前要早。1900 年，65 歲以上的男性中，有 60％的人仍在工作，到了 1950 年，這個數字下降至40％。[4] 到了 2002 年，65 歲的就業男性比例降低至 17％，女性則是 10％。[5]

　　目前的平均退休年齡是 62 歲，[6] 但近四分之三的現任勞工卻說，他們預期會工作到 65 歲之後，三分之二的人則說之後打算進入半退休狀態，繼續兼職工作。[7] 所以我們為退休制定的年齡毫無特別之處，不管是 59.5 歲、62 歲、65 歲、67 歲、70.5 歲，這些都不過是功能性的里程碑。當然也有不分年齡的投資可為你籌到退休資金，只要把這些方法加入理財計畫，不用等到這些象徵里程碑的年紀，你就能拍拍屁股走人。

　　最重要的是：退休仍是一種新發明的概念，而且絕對不是每個人都可以享受。退休制度也當然不是以勞工（也就是我們啦！）的利益為出發。對許多人來說，退休不表示不用工作。**退休的真正意思是，我們不需要非得按照傳統形式規劃一生，依照別人制定的時間軸，朝九晚五工作到 65 歲。**

## 揮別職場，自由定義屬於你的退休

社會學家羅伯特・S・韋斯（Robert S. Weiss）運用三大層面定義退休：(1) 經濟層面：再也不用為五斗米折腰；(2) 心理層面：個人內心認定已經退休；(3) 社會層面：根據社會觀點決定你是否退休。[8] 不幸的是，我們都太在乎社會觀點，覺得應該讓他人決定自己是否合乎退休標準。**如果你是自行選擇離開職場，無論是永遠、暫時或轉兼職，只要你覺得自己真的已經揮別職場，就能大聲說你已經退休。**但有一種錯誤觀點，那就是已退休的人不該再賺一毛錢。一旦跳脫 65 歲退休的武斷數字，不再受限於既定觀點，你就能從不同角度看待人生。

我們不必遵照標準腳本、不必花錢犒賞自己，再回過頭來面對工作壓力，我們大可利用這筆錢，完全跳出傳統工作制度。你可以改寫金錢觀和思想，用其他人都意想不到的速度，實現不被工作綁住的夢想，削弱強制工作的比重、增加個人時間，從事最能讓你感到滿足的工作，不管是旅遊、嗜好、服務他人、與家人朋友相處都好。最棒的是，你不用一毛不拔或拮据度日，讓自己過著悲慘生活，畢竟，退休真正的用意是過你最想要的生活，意思是暫且不管你還在存錢，還是已經達到目標，都能夠好好享受。

無論你的夢想是什麼，在你塑造目標之時，以下是幾種不被固有工作型態綁住的人生模型，供你參考：

## 完全提早退休 —— 享有財務獨立

再也不需要賺錢工作。只要錢已經存夠，你的投資能持續增長，讓你接下來的人生都不愁吃穿，在日後的生活裡，工作更成了一種可有可無的存在。如果你有回去工作的想法，也沒有規定你再也不能重返職場，但要是你的退休屬於這一類型，就代表你可以永遠都不必回去工作。你享有財務獨立。

## 半退休 —— 享有財務安穩

這類工作屬於兼職、季節性、抑或壓力不大的職位。你已經存到傳統退休所需的生活費，唯一需要擔心的是基本日常開銷，因此工作可完全按照個人意願和需求安排。半退休可以是維持原本的工作，只是從全職轉換成兼職，或是低風險的創業模式，你可以開一間自己的公司，只是你不會有多半企業家一開業就非得成功的壓力。你享有財務安穩。

## 事業中斷 —— 享有財務靈活

你可以一段時間不工作，之後再重返職場。只要存夠足以讓你休息一陣子的經費，加上緩衝金，你就能讓自己喘一口氣，同時不危及後面幾年的財務安穩。你也可以把這當作一種自我資助的長假，工作生涯中可能有幾段這一類的中場休息。你享有財務靈活。

　　諾亞和貝琪是一對年輕夫妻，他們脫離傳統工作型態的人生模式是事業中斷。大學時期剛開始交往時，兩人已經開始存款，多虧獎學金、節儉天性，加上暑期打工，大學畢業之際，他們已經存到幾千美元，而且零負債。儘管他們住在生活開銷高昂的西雅圖，還是可以持續存到錢。他們採用的方法是共開一部車、住在低於預算的小房子、不買奢侈品、從事健行等免費活動，而健行在西雅圖很常見。另外，他們亦使用信用卡回饋金旅行。

　　貝琪是助產士，諾亞則從事軟體工作，這兩種工作待遇都高於平均薪資，非常欠缺合格員工，所以諾亞和貝琪事業中斷後，很快就找得到工作。雖然他們還沒存到足以完全退休的金額，目前存款還是遠遠超過同齡者，於是他們心想，既然存款充足，他們可以在大好青春的 27 歲中斷工作一年，他們稱這為「空檔年」。於是這兩人開自己的車，在北美各地旅遊，用他們賺得的旅遊點數（Part 2 會提到），支付飯店住宿費用，也會在國家公園附近紮營。離家期間甚至把他們位在西雅圖的聯排別墅租出去，然後用存款和旅遊點數負擔旅遊支出。雖然他們敢自信地說回來工作時，絕對找得到新工作，但他們的存款不只夠撐一年長假，因此即使冒著一陣子要歷經工作空窗的風險，也無損他們的信心。

# 不必很懂理財或很有錢才能提早退休

　　還在念書時，我相信「只要努力工作，證明自己的能力，我很快就能走上事業的康莊大道，找到幸福與成就感」。對我而言，工作的目的向來不是賺錢，而是貢獻。當然，要是我的貢獻有意義，我就開心了。真的是這樣嗎？答錯。我是很幸運，確實找到一份能讓我為世界貢獻的事業，從我在美國公共廣播電台的第一份實習開始，到我之後的人生事業，擔任政治及社會運動的公關顧問，我都在貢獻自我之力。工作時，我不遺餘力，我樂在工作，至少還沒有被榨乾的時候是，但我總覺得生活似乎還是缺了點什麼。我每週的工作時間都在貢獻服務他人，而不是獻給自己。長大成人大概就是這麼一回事吧，我心想，雖然心知肚明年輕時代的想法是錯誤的，但是不管怎樣，日子還是得過下去。

　　25 歲那年，我遇見我那擔任政治民意測驗專家的丈夫馬克。有著迷人笑容和呆萌幽默感的他跟我一樣熱愛戶外活動。他住在華盛頓哥倫比亞特區，而我剛從那裡搬到洛杉磯，於是我邀他一起去挑戰加州的惠特尼山（Mt. Whitney），也就是高達 4 千 2 百公尺的內華達山脈高峰，在山間共度的時光是我們頓悟人生的時刻。當周遭的每個人都在追名逐利，我們卻發現彼此對戶外活動和探險的熱愛，遠勝過對於物質的追求。即使我有完美主義的傾向，但我們兩人都不介意好幾天不洗澡。

　　當時我們領悟到，這就是我們想要的人生，這就是幸福。大人一直要我們追求那些據說能帶給我們滿足的成就，我們其實不是真正需要，更別說這些成就從未真正滿足我們，我們只想走出屬於自己的道路。

　　爬完惠特尼山後，馬克回到華盛頓哥倫比亞特區，回到一個大家視他為超級巨星、偏偏他覺得不適合自己的事業。馬克不是我，他沒有完美主義，然而他的職業卻需要他追求完美。他寧可和朋友打沙灘排球或背起背包去登山，卻不得不將大把休息時間貢獻給工作，只因為他不希望辜負大家對他的期望。

　　後來，馬克搬到加州與我會合，我們結婚、共創人生，看來和傳統家庭並無差異，只是少了幾個孩子。我們兩人的工時都很長，經常需要出差，只要一逮到休假的機會，我們就會直奔內華達山脈。若是待在城裡，就會找時間擔任義工。

　　經年累月下來，我們兩人都順利在職場晉升，工作量卻不曾遞減，也沒有升官所承諾的幸福快樂，上山及旅遊的機會反而越來越少。

　　我父親患有一種先天性遺傳疾病，以致他剛滿 40 歲不久就無法工作。我很清楚有一天我可能也會發病，然而「有一天」感覺遙遠，直到我滿 30 歲才真正有感，驚覺我肢體靈活的時間可能只剩下十年。於是我開始想對策，找時間做我覺得真正重要的事，而不是盲從疲憊地走上眼前眾人為我鋪好的道路。

　　馬克不需要我多費唇舌說服，我們二話不說踏上旅程，前

往全新目的地：提早退休。我們從洛杉磯搬到加州北太浩湖附近的山區，內心的聲音都在對我們說，這就是我們盼望可以居住一輩子的家。同時，我們也改變了用錢的態度。雖然我們為這個願景命名為「10 年計畫」，卻只花了 6 年就完成。我們在 2017 年末離職，當時我 38 歲，馬克 41 歲。

對我們來說，選擇提早退休絕對不是因為我們不喜歡工作。工作也可以是一種自我價值及社群互動的來源，藉此證明我們能為世界創造價值。我和馬克可以從事業中獲得這一切，只不過我們都不希望讓工作主宰一生，如果不走上另一條道路，我們知道這便是我們的命運。如果你跟我們一樣，也想依照個人的價值觀和熱血，創造出不被工作綁住的人生，那麼你就找對人了。

我還有其他好消息：**你不必覺得非要「很懂理財」或是現在就很有錢，未來才可能走上提早退休之路。**我一開始也在理財路上到處碰壁。我入不敷出，從廉價的家庭用品到根本用不著的奢侈雜貨，什麼都可以亂買。我賺的錢差點繳不出房租，卻還是每天花 6 美元買一杯星巴克豆漿拿鐵。儘管銀行帳戶快要乾涸，下班後同事相約到酒吧喝一杯時，我總是來者不拒。我掉進很多人也深陷的陷阱，以為撿到便宜就等於省到錢（其實才不是）。

我花錢如流水的生活方式，加上不利用頭期款購買新車，又不認真付學貸，還不到 30 歲的我，就把淨資產變成負值。

我實在太怕虧損，於是死守著戶頭裡那一筆微薄存款，打死都不敢投資，利息低到連通貨膨脹都無法打平，因此那時我非但沒有賺到錢，還喪失消費能力。

雖然馬克的儲蓄功力比我好一點，但他年輕時也犯下不少理財錯誤。儘管住在都市，路面坑坑疤疤，停車時簡直像在開碰碰車，他還是決定買一部跑車。入手必賺股票後不久，股票卻立刻跳水式下跌，害他虧損了好幾千美元。外出和朋友喝酒時，他常心甘情願掏錢買單，雖然這麼做讓他人氣大增，卻也讓他存不到錢。

我和馬克之所以能提早退休，不是因為我們比別人懂得理財，而是我們接受了自己天生的性格和缺點，儘管有壞習慣，我們還是打造出一套出奇制勝的理財系統。我們確實擁有過人優勢，才能縮短儲蓄時間，例如：受過大學教育、畢業時沒有負債累累、工作後期那幾年的薪水高達六位數字。儘管最後一點是加快我們存款步調的主因，但即使我們賺得比較少，仍可能提早退休，只是努力工作的時間會拖比較長。

即使你現在負債，依舊辦得到。如果你這輩子不曾投資，股票漲跌讓你心驚膽跳，請千萬別怕。如果你是自己的老闆，沒有老闆贊助的退休帳戶，不被工作綁住的人生仍舊近在咫尺。我會帶領你釐清須知事項，但我不會祭出一堆你聽不懂的資訊，搞得你頭暈腦脹。無論你面臨什麼障礙皆可克服，我們會討論跨越障礙最適合的方法。如果你不是月光族或知道自己

可能還有一筆錢，可以用同樣方式重新思考該怎麼使用，並且找出能讓你迅速存到錢的理財系統，讓你提前離職或重新思考工作方式。

想要提前退休，你不必是擁有電腦工程系學歷的人生勝利組，不必第一份工作薪水就高達六位數字，也不必非得沒有學生貸款和孩子的負擔，更不需要有過人的省錢技能。你不必二十幾歲就大手筆存款，即使到了五、六十幾歲才認識到提早退休，還是可以早別人一步退休，實現不被工作綁住的人生，或者至少讓傳統退休更有保障。

要是你收入高、開支少，存錢速度會比別人快上許多，這點千真萬確，因此有些人的存款之路極短，有些人卻需要十、十五甚至二十年。不要拿自己和他人比較，提醒自己，**大多數的人連什麼時候退休都沒得選。只要你能趁 65 歲前爭取到一天自由，你就已經贏了，值得大肆慶祝。**

如果你從這本書唯一學到的是謹慎檢視開銷，正如 Part 2 的探討，也已經為人生創造極高價值，這表示你可為安穩的傳統退休做好萬全準備。很多人都擔心退休，有可能是錢還沒存夠，或是覺得自己還沒存到足以退休的錢。[9] 3 個人之中，只有 1 人是按照原定計畫退休的，其他 2 人都是因為健康下滑、失業或照顧親人，不得不提前退休。[10] 大家普遍認為退休津貼和退休撫卹縮減是社會福利政策錯誤，許多傳統產業都因為經濟變革，面臨瀕臨消失的危機，因此沒有比現在更適合為自己擬

定財務計畫、掌握未來的時機。掃除人生壓力能讓你過得更輕鬆愉快，因為你心知肚明，你已經照顧好未來的自己。

　　如果你能利用這本書的原理，將你目前隨便花用的錢，改用在我幫你打造的提早退休計畫，你很快就會體會到，一步步走出專屬於自己的人生道路，是一件多麼值得喜悅的事。

# 第 2 章
# 你的人生，由你定義

人生太寶貴而短暫，不值得浪費在平庸的夢想上。
　　—— 艾德蒙・姆比亞卡（Edmond Ebiaka），勵志作家

　　提早退休後的那幾天，我一早起床後下樓，走到廚房，發現流理台上有聖誕節餅乾，心想：「今天是週六，我可以吃幾塊餅乾當早餐。」但事實上這天不是週六，是週二。從時間錯亂中驚醒後，我提醒自己，這正是提早退休的用意：跳脫學校和工作一直加諸在我身上的時間框架，慢慢適應自己的時間表。這時我才想起，我已功成身退，正式下班。臉上不禁洋溢一抹笑意，我真的開始了嶄新的退休人生。

　　提前退休後，時間完全就是自己的。我現在給自己訂立的目標不是升官發財，不是功成名就，而是個人健康和滿足感。現在我和馬克有時間可以到戶外從事運動和健身，從零開始煮一頓營養料理。我們可以為了爬山進行特訓，之後真正去爬山。我可以加強我的鬆雪滑法，然後專挑人少的平日去滑雪，

而不是像以前一樣，非要週末去人擠人，搶滑雪道。

馬克每個夏日都能出門騎登山越野車好幾個鐘頭，儘管最後可能帶著破皮和瘀青回家。而我能花幾個鐘頭悠閒散步、陪我們家的狗玩，內心也不會充滿罪惡感。我的時間大多都花在我迫不及待想做的事，例如：寫部落格，製作我的播客節目「公平美金」和「提早退休的聰明理財歷險記」，有時也會一整天賴在沙發上看書，或是瘋狂追劇，觀賞我在外地奔波時無法收看的電視節目。

多年來，我都以為提早退休的真諦是逃離工作，但這幾年下來，我發現提前退休的實際用意，是為自己爭取到不受工作限制的自由感受。我現在完全不用顧慮金錢，可以自由自在去做成年後我一直想做的事，追求自己的人生。之所以如此，主要就是因為**提早退休和金錢無關，提前退休的意義是感到無以言喻的自由感受，提早享受你最渴望的人生，而金錢只是一個供你自由發揮的工具。**

所以，這本書不會在一開始的規劃步驟就急著談錢，要是立刻就進入理財話題，你很可能會規劃出別人夢想中的退休人生，而不是你自己的。我們必須先從幾個問題下手，找出你真正想要的人生，接著才開始策劃。因為度過一個每天都能讓你抱著興奮心情醒來的生活，成就一個你覺得有意義的人生，才是提前退休真正的重點。

關於提早退休的理財計畫，原則貌似很簡單：切勿入不敷

出，把多出來的錢拿來投資，直到你賺夠足以養你一輩子的錢，就能和工作說再見。收入越高、開銷越低，你存的錢就越多，提前退休的日子也越近。然而遠比財富重要的人生層面，卻複雜得多。你必須先知道未來人生的必須花費，為了找到解答，就必須先知道充滿使命感的人生是什麼模樣，接著你就能決定你想要的提早退休型態、你想要用哪一種投資方式支撐生活（投資房地產、指數型基金投資、股息投資、被動創投等）。

我開始寫部落格的這幾年，聽過幾十個依照理財計畫規劃提早退休的人，由於當初沒有認真規劃離職後該怎麼實際過日子，結果，他們好不容易展開不被工作綁住的人生後，卻發現生活了無生趣、漫無目的，結果因為需要找事情做，又回去做全職工作。這樣真的有點慘，也正好證實了一種說法：「不計畫就只有失敗」。上路前先思考你的目的地，至少要趁來不及回頭前找到答案。你不必知道每天的每分每秒要怎麼過，畢竟讓自己慢慢探索新世界也是一種樂趣，但是請先幫自己一個忙，至少決定成功退休後，你要拿多出來的時間做哪幾件事。

在策劃理財計畫之前，先找出人生目標有一個好處，那就是你為了下一站人生打造的清晰願景，會是你打拼過程的助燃劑。跟只為了存錢而存錢相比，知道每存下 100 或 200 美元，就能讓你買到一天不用工作的自由有意思多了。

我們會探討幾個重大問題，啟發你思考，讓你內心的夢想家趁機透透氣。有些問題很好玩，有些比較沉重，但這些問題

都能幫你從各式各樣的人生興趣和優先事項中，濃縮出你個人最珍惜重視的事，等走到人生盡頭回顧這一生時，你會心想：我很滿意自己有這麼做。

在我們開始前，請先選擇你的記錄方式，記下你的答案，因為 Part 2 講到理財計畫時，還會需要用到這些答案。你可以簡單列出答案，或是用視覺輔助工具記錄，也可以用一張願景板寫下答案。現在就來看這些問題吧。

 # 日常生活

### 你什麼時候最快樂？

讓大腦追溯，回到最深層的記憶，找出你最快樂自由的人生片刻。你當時在做什麼？和誰在一起？你人在哪裡？如果你有一天閒暇，沒有必須做的事，你覺得自己最想做什麼？工作壓力大時，你都做哪些白日夢？想到什麼會讓你心情變好？

### 你希望每天可以為了哪件事空出時間？

有時做大夢比做小夢容易，請思考一下，擺脫工作束縛後，每一天要怎麼過。你每天想多花一點時間做什麼？或大多時候你想做什麼？想多看一點書嗎？多運動？從零開始煮一頓飯？睡久一點？還是擁有更多和伴侶或孩子相處的時間？

## 你最大的嗜好有哪些？

你最享受的休閒活動是什麼？哪些是你已經從事一陣子、哪些是近期才開始的？要是有更多閒暇時間，你想多常從事這些活動？這是在家就可以做的，還是要外出才可進行的活動？需要特殊裝備嗎？花費多少？你通常偏好專注進行一項嗜好與活動，或是你喜歡嘗試不同事物？

 # 大方向，大夢想

### 你小時候的夢想是什麼？

你有沒有小時候夢想過、卻在很久以前就放棄的事業？是有哪些夢想？有沒有你夢想未來可以嘗試卻一直還沒機會嘗試的體驗？

### 你希望在人生路上完成什麼？

你是否一直夢想可以參加各地的馬拉松大賽，跑遍美國 50州？或是領養十幾隻小狗？解決居住城市裡窮人吃不飽的問題？即使沒人記得，你還是希望至少自己知道完成了哪些事，讓你覺得你的時間花得很值得？

### 你希望旅行在人生扮演什麼樣的角色？

你是希望每天從自己床上醒來的愛家人士嗎？還是夢想可

以踏遍世界各個角落？你最期盼探訪的地方有哪些？離你不遠，或是多屬遙遠國度？你想像自己每次離家多久？你想要短居在怎麼樣的住宿空間？

**你的人生清單或必做清單裡，還有哪些事項？**

你希望在人生結束前做哪些事？你想要獲得哪種體驗？你想要學會什麼？你有創作目標嗎？或是精神心靈層面的追求？

 **生命的意義為何**

**離開人世後，你希望別人記憶中的你是什麼樣子？**

你希望大家記憶中的你是什麼樣子？跟你現在的模樣天差地遠嗎？你希望別人記得你的成就或貢獻嗎？你希望留給後代或社會什麼樣的遺產？

**社區或更大範圍的地區問題當中，哪些是你希望能幫忙解決的？**

日常生活中，你是否看見了什麼你想要改變的事情？你覺得參與這件事很有意思或有成就感嗎？你是否有參與社區活動的衝動？或者你想為地方社區外的事務發聲，參加社會運動？

## 自我價值的定義

### 你是否努力達成他人的期望？

　　你會為了迎合他人的期許，而做出某些人生選擇嗎？為了滿足別人的期望而活時，你感覺到的是負面壓力，還是正面激勵的情緒？

### 工作上，最讓你有自信的一點是？

　　工作時，你哪一方面的表現最亮眼？你擁有哪些別人可能沒有的技能？你最常被稱讚的一點是什麼？想到再也不能做這些事，心裡會落寞感傷嗎？

### 工作外，你對自己哪一方面最有信心？

　　你覺得什麼時候最被人重視？什麼事讓你覺得自己很重要？你幫家人、朋友圈、社區貢獻過什麼，讓你覺得自己做的事很有價值？

 ## 核心關係

### 你的願景裡還有其他人嗎？

　　你正在策劃的退休人生只有你自己？或者是你和伴侶？你和家人？你和死黨？抑或你和盼望的未來伴侶及可能會有的孩

子？你希望他們在願景裡扮演什麼角色？他們也會和你一起共創未來嗎？

## 是否有你希望能夠多陪伴相處的人？

如果你的生活多出許多閒暇，你希望和誰一起過？有你希望可以多探訪的親戚嗎？抑或伴侶？好友？孩子？你希望和心目中最重要的人一起做些什麼？你需要搭交通工具才見得到他們嗎？或者只是需要多花一點時間陪伴？

## 你參與的社群中，你最重視的是哪一些？

你在哪個社交圈、社團或其他社群裡感到最快樂？你和誰相處時最開心？你最有共鳴的社群是哪些？

 ## 生活安排

### 你希望每天在怎麼樣的環境醒來？

在你夢想的將來裡，你每天醒來的地方是你現在住的地方嗎？還是其他地方？或是你過著遊牧民族般的生活，每天都在不同地點醒來？抑或搬到另一個國家？請盡可能具體描述這個地點。

## 哪些時間點或人生的里程碑對你意義深遠？

　　你希望可以多陪伴年邁父母或是即將長大成人、再過幾年就要離家的孩子？對你來說，獲得退休撫卹或健保福利的那一年或那一天很重要嗎？

　　現在我們來梳理一下你的答案，濃縮成可以組織人生願景和理財計畫的資訊。首先，請先瀏覽你的答案，要是有出乎你意料之外的答案，請圈出或畫線。接下來，請為每個類別做一個總結。然後找出跨越不同類別的雷同主題。至於你覺得意外的答案，請思考為何這個答案讓你感到意外？是否為你想塑造的人生願景帶來全新觀點？請記住這是屬於你的願景，不是別人的，而且答案沒有對錯。你已經歸納的總結和主題，是否浮現清晰的優先事項，暗示你需要改變人生方向？或者你已經邁向你欲前進的方向？接下來計畫時，請牢牢記住你的答案。

　　接著，來釐清你人生最重視的事，以助你找到不被工作綁住的人生裡，會花費你最多時間和預算的事。答案就藏在你剛剛自問自答的問題裡。仔細查看所有答案，不用按照順序，寫下每一件在脫離工作限制後你想做的大小事，從休閒嗜好到你希望別人怎麼記得你。

　　以下例子是我和馬克得出的答案：

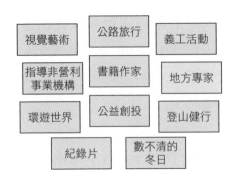

　　如果你很好奇「數不清的冬日」是什麼意思，那代表著我們希望不分季節，一整年在世界各地追雪、滑雪。「地方專家」是指培養出對當地巷弄及隱藏祕境瞭若指掌的達人知識。

　　接下來問問自己，這些答案裡，是否有邏輯連貫、可以拼湊的主題。如果其中有無法清楚歸類的主題也無妨，傾聽自己內心的聲音：無法和其他優先事項歸類，是因為它們對你其實沒那麼重要，或是因為較顯突兀？要是和其他夢想相比不那麼重要，可以先刪去，留點空間給你覺得真正重要的事。以下是我們的例子：

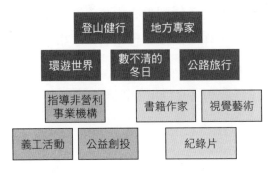

最後，請找出這些活動的主題。

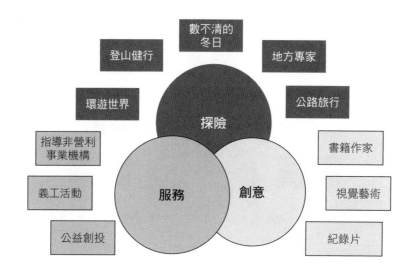

　　我再舉個不一樣的例子。安琪拉‧羅茲米恩現年 31 歲，已婚，育有一個 4 歲兒子，環境保護一直是她的熱情所在。生下兒子後，希望陪伴兒子成長的她，開始渴望不被工作綁住的人生。可是她並沒有因此和丈夫努力實現財務目標，儘早存到退休積蓄，而是接受現狀，一點一滴儲蓄，保持工作與生活之間的平衡。換句話說，若是她換了工作，薪水待遇可以更好，但她卻選擇繼續原本收入不高的工作。這份舊工作可以帶給她使命感和滿足感，加上工作量不大，工時也很彈性，因此她可以常常在家陪伴年幼兒子。當媽之後，安琪拉的人生優先順序也出現變化，像是她現在對兒子成長的社區環境更感興趣。儘

管安琪拉和丈夫的收入相加不到六位數字，如果她想在四十歲初提早退休，她還是辦得到。她也不確定將來是否會辭職，因為目前的工作帶給她使命感。所以她的結果和我及馬克的很不一樣：

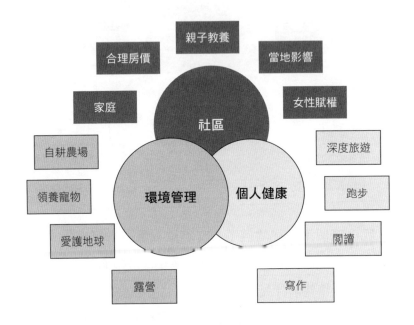

　　認真思考要怎麼拼湊分類你的清單，然後查看你的主題，捫心自問：這些主題真的正如你所想嗎？如果你這一生都是圍繞著這些主題打轉，你覺得這樣的人生是否有意義？人生這樣就夠了嗎？若答案是肯定的，很好！如果不是，你內心深處的聲音是怎麼告訴你的？是否少了什麼？缺少的那塊拼圖要怎麼與其他重要的事拼湊起來？如果感覺不太對，而你也不確定原

因，就先暫緩一、兩天，之後再重新答題。目的並不是逼你規
劃出不被工作綁住的人生，交出一份待辦清單，而是找出大傘
式主題，牽起每一條線索，讓你在這條路上找到靈感與方向，
從你平時如何花錢，到不被工作綁住的人生對你有何意義，找
出蛛絲馬跡。

很多人在想像不用工作或工作減量的人生時，通常都把重
點放在他們希望擺脫的事物上，也就是工作壓力和時間限制。
研究指出，若重點只放在這幾件事上，即使最終達成目標，也
活得不快樂。要是背後沒有意義，天天享樂的人生只會逐漸變
得空洞。**活得最快樂長壽的人，往往都是有使命感的人。使命
感不一定是指改善全球暖化或縮小薪資性別差距等崇高理想，
而是每天早上起床後知道自己要做什麼，或是知道人生最後發
展的方向**。思考一下你拼湊出的優先事項，是否可以打造出一
個你引以為傲、不虛此行的人生。如果不是，請依需要調整。

我和馬克剛開始儲蓄時，很擔心我們提早退休的心態很自
私，有時這個念頭甚至強烈到我們開始懷疑自己。尤其要是自
己做的事與文化現行標準背道而馳，很難不反覆懷疑自己，不
禁懷疑是否自己哪裡出問題，否則大家都一樣這麼生活，為何
我們不願意隨波逐流。我們自私嗎？我們懶惰嗎？我們是失敗
的大人嗎？腦海裡不斷浮現各種問題。但當我們自問，希望在
有生之年做哪些事時，我們卻看清這些動機背後並非純粹只有
私利。打從一開始，協助服務社區就是我們提前退休後最想做

的事情之一，而這個目標的其他層面，也讓我們成為更優秀的
世界公民、大自然服務人員。

　　當然，我們的動機也並非完全利他，我們知道人生只有一
次，所以當我們發現可以憑藉自身能力提前退休時，便深知絕
對不能錯過這個機會。你的未來願景沒有必要是完全利他的，
但確定你未來的人生不是單純為了自己而活，是一件非常值得
深思的事。

　　請檢視你在上一個練習題列出的重要事項，寫下所有與你
當前人生不同調的事，然後回顧清單，按照下列做法：

## 圈出你現在就可以改變的事

　　例如：我和馬克發現上山是我們最關注的重點，由於我們
可以遠距工作，於是決定好好利用這個機會，搬到太浩湖畔，
而不是等到將來遙不可及的某天才搬家。不過你現在可以改變
的事不見得要大到如同搬家。如果你的夢想是將來可以在院子
裡蒔花養草或學西班牙文，何不現在開始？

## 劃掉不切實際的選項

　　雖然我很想攀登聖母峰，不過我有氣喘和其他導致行動不
便的遺傳疾病，攀爬 9 千公尺高峰是不可能的任務。雖然劃掉
夢想是件很痛心的事，但其實可以為真正可行的事挪出時間和
空間，去做你知道自己確定辦得到的事。劃掉聖母峰這個夢想

讓我騰出寫作和旅行的時間，日子照樣過得開心。

## 在你覺得值得的人生大改變底下畫線

　　這是一張幫你認清現實的清單，記錄你當下無法改變，但脫離工作束縛後你願意改變的事。假設你的夢想是傍海而居，目前卻住在距離海洋遙遠的內陸，你願意搬離身邊的朋友和生活圈嗎？要是你有孩子，你忍心讓他們搬離自己的家嗎？你願意花大錢或搬到更小的房子，提高搬到海邊的機率嗎？如果你的夢想是環遊世界，你現在願意為了更快存到錢，節省不必要開支，朝這個目標願景前進嗎？如果是，請畫線。

　　雖然好像沒什麼了不起，但你剛完成的練習題其實已經透露人生最重視的事，從這點來看，這個舉動很了不起！我們很少有時間跳脫當下，思考人生後半段的事，考慮諸如此類的重大問題。下一章討論的是改變人生，準備走上提早退休之路，我們會在 Part 2 策劃你的理財計畫，到時會再用到這份清單。但目前你需要思考的，只有你對未來人生懷有的願景，讓未來願景成為你生活的一部分，用紙張列印出來貼在牆上，並開始和別人分享你的想法。我和馬克羅列出人生的重點主題後，開始用這張清單向朋友解釋我們的計畫：「我們計畫提早退休，展開探險、創意、服務的人生。」與他人分享能給予我們一種真實感。當我們手癢想花錢時，我們會提醒自己，存下這筆錢

日子會過得比較快樂。所以把這些主題當成你訴說個人故事、
人生方向的核心。

 ## 說服另一半參與計畫

　　我和馬克非常幸運，不需要特別說服對方提早退休是很好
的構想。但可不是每對夫妻都那麼幸運。我常常收到讀者來
信，對方多半是男性，詢問我如何才能讓另一半首肯，參與他
們策劃好的提早退休儲蓄計畫。你可能會被我的答案嚇到，但
我的回覆是：說真的，忘了你的計畫吧。只由一個人單方面策
劃的儲蓄和支出計畫，根本無法反映出夫妻倆的共同願景和優
先事項，也無法讓你那沒有參與策劃的另一半，看見自己身在
其中的畫面。稍微整理出數據，向另一半證明提早退休可能實
現是一回事。而在另一半不接受的情況下，打造出完整詳細的
理財計畫，又是另一回事，這樣根本是本末倒置。

　　兩人可以提問本章的問題，一起做人生優先事項的練習
題。無論最後是否決定努力邁向提早退休之路，對兩人都很有
幫助。日常生活的狹隘視野讓許多人看不清，也不會抽出時
間，定期和另一半討論遠大志向和夢想。所以對彼此提出這個
問題：要是活在一個不用工作的世界，我們希望做什麼？要是
夠幸運，你們的回答會很相近，如此一來，想要打造出一個共
同的夢想、規劃兩人都有共識的目標，就簡單了。

　　如果你們的人生願景南轅北轍，花點時間討論彼此的願景，找出共通點，而不是強逼對方接受你羅列出來的數字。退休後離婚率激增，通常是因為夫妻總算有時間相處後，發現彼此期望的人生面貌不同。所以趁兩人有時間共同成長，慢慢走向兩人共同的願景，最好現在好好溝通，而不是逼迫對方接受一個他們無法產生共鳴的計畫。

 ## 有小孩的人生規劃

　　如果你家中有小孩或計畫生孩子，相信你已經知道，孩子會大大影響你提早退休的計畫。最明顯的一點是小孩開銷大，儲蓄的步調會比沒有小孩來得慢。但孩子也可能給你靈感，用不同方式排列先後順序。如果你想要多陪伴孩子，可能會決定採取半退休模式，在他們年幼時從事兼職工作，等到他們長大再回去全職工作。或者如果你有另一半，你們可能會規劃輪流從職場中場休息，趁孩子年紀還小，在家全職照顧他們。或者你可能決定事業中斷，跟公司請 1 年假，帶著孩子出門旅行，讀萬卷書不如行萬里路。方法沒有絕對的對錯，只有適不適合你和你的家人。

　　加蜜拉・蘇弗朗特是個全能女性，彷彿什麼都難不倒她，她可以管理位高權重的大公司事業，同時又是 3 個孩子的超級老媽，還能一邊製作播客節目、做生意。然而，儘管她喜歡自

己的工作，表現也很出色，每天卻得花上三、四個鐘頭通勤，無法用這段時間做任何給她快樂的事，也不能陪伴孩子以及擔任學校教師的丈夫。很明顯，對她而言，家庭和充滿意義的工作是人生最重要的事。她想要趁孩子還小，在工作以外找到時間，陪伴他們成長。

於是，她一邊到公司上班，一邊積極儲蓄提早退休的經費。要是加上她丈夫的教書薪水，他們很有機會在三十歲後半段提前退休。可是加蜜拉很清楚，這樣一來她就得花時間在工作和通勤上，光陰多半耗在辦公室小隔間裡，因而錯過孩子的童年，過著慘不忍睹的生活，於是夫妻兩人決定改變方向。

現在加蜜拉在家自營公司，提供理財教育和指導教學服務。在她存到足以負擔幾年生活開銷的錢，傳統退休儲蓄也步入軌道後，她在衝向完全退休計畫的路上半途轉職，自行開業，即使偶有生意不興隆的時候，他們的日子也能保持安穩。她不確定最後是否真能提早退休，但她希望即使轉換事業跑道，還是可以在四十五歲左右轉為完全退休。雖然這比他們當初預期的時間慢了一點，至少現在她可以掌控自己工作的時間，覺得幸福快樂多了。

# 第 3 章
# 打造你的理財任務宣言

*樣樣不缺的祕訣，就是相信你已經樣樣不缺。*

—— 來源不詳

　　想要提早退休，你需要先存一大筆錢，乍聽之下或許令人卻步，腦海中不禁浮現不分晝夜剪下折價券、縮衣節食、眾人出門玩樂你卻獨守家中的悲慘畫面。但這裡要傳授的方法完全不是這樣。買一個罐頭湯可省 30 美分是很好沒錯，要是你正好喜歡收集折價券，倒也沒理由叫你別繼續收集，可是這種省法並無法幫你一路存到退休經費。我們要採用的方法不是要你一毛不拔，而是運用優勢，養胖存款，把錢花在刀口上，並且認清讓人從儲蓄目標脫軌的常見開銷陷阱。雖然似乎難以相信，但要是你從沒存過錢，現在選擇改變你的金錢觀，請相信我，儲存大筆款項完全可能實現。我曾經也是表示懷疑的那個人，後來卻親眼見證奇蹟。

　　報紙幾乎每幾個月就會出現這樣的新聞：某個家庭月入六位數卻入不敷出。你可能也看過類似的頭條新聞。年薪 50 萬

美元的紐約曼哈頓區家庭過著月光族的生活；年薪 20 萬美元的舊金山科技新貴覺得日子苦哈哈，因為最便宜的公寓每個月要付 6 千美元。諸如此類的故事總是讓大多人翻白眼，一般人賺的錢比他們少多了，日子還不是照樣過下去。但我要坦承：我完全能了解這是怎麼發生的，因為我們開始認真儲蓄前，也曾經面臨類似狀況。元兇就是生活方式造成的通貨膨脹。

　　我和馬克在從事全職工作的最後幾年，分別賺入六位數字的薪水，同齡朋友多半也是。在長大成年的這些年間，日常開銷以緩慢甚至是無聲無息的方式累加，偷偷溜進多數朋友的生活裡：一開始是 100 美元的有線電視費，後來 100 美元的電話費也變成必繳的生活費。每週 75 美元的居家清潔費已經不是奢侈品，而是必要開銷，偏偏自己工作卻忙到沒空打理儀容、好好吃頓飯。

　　再來，你的車可能哪天突然掛了，所以你決定，寧可多花點錢買部新車，也不要買二手車。你還有一個孩子，如今又得付錢給日托中心，請他們幫忙帶小孩，自己才能繼續上班養家。現在這一戶家裡有三個人，公寓感覺起來又小又擠，於是你決定買一棟房子，可是你生活在寸土寸金的都市，買房又需要一大筆貸款（前提是你買得起房子）。裝上兒童汽座後，你去年剛買的好車突然變得很擠，所以你決定把座駕升級成休旅車。你環顧四周，發現每個人都做出差不多的選擇，你心想，這筆開銷大概是無可避免的，開銷就這樣滾雪球般越滾越大。

每次度假都稍微升級檔次，偶爾買買幾件奢侈品，但這都無所謂，畢竟你工作那麼辛苦，享受點生活便利也不為過吧？

分別拆開來看，這些開銷都不過分，也不讓人覺得可能導致儲蓄難如登天。但要是加總所有開銷，加上不懂得縮減經費，只是不斷累積新開銷，有天醒來你會驚覺，你以為那再正常不過的生活，其實需要花很多錢維持。生活開支越高，存錢就越不容易。常見的生活方式造成的通貨膨脹當中，我和馬克已經避開不少地雷，比較難避免的是餐費。累了一整天下班，實在很難抗拒多付點錢，請別人幫忙煮飯洗碗。

有時我們甚至一週外食五次，卻一直都不覺得這是什麼大問題，這是因為我們並不是從在家餐餐自己料理，直接變成天天外食。我們的改變是日積月累的，細微到我們察覺不到這個改變。偶爾外出晚餐變成時常外食，時常外食後又加上幾頓外送，接著演變成時常外食加上在家的每晚幾乎都點外賣。改變一點一滴滲透，難以察覺，等到我們總算開始意識時，才驚覺我們花在食物的錢相當驚人。

影集《慾望城市》的女主角凱莉不惜花 400 美元買一雙鞋，實在很難想像她是怎麼從光顧 Payless 平價連鎖鞋店，變成熱愛設計師品牌莫羅·伯拉尼克（Manolo Blahnik）和周仰杰（Jimmy Choo）的鞋。很可能她也是慢慢攀上價格階梯，一步步往上爬，不自覺變成非好鞋不買。正是這種無形間攀升的開銷，導致生活方式造成的通貨膨脹成為提早退休的頭號威

脅，而這種說法也有研究佐證。美國僅有三分之一的人謹慎遵守日常預算，另外三分之二的人並未設定生活預算，也沒有仔細注意他們的開支，更沒有按照大方向的理財計畫度日。[1]

　　生活方式造成的通貨膨脹其實是一種現象，各種薪資階級的人都深受其害，這也是一種名為「享樂適應」的心理現象造成的結果。所謂的享樂適應，意思是無論生活中發生好事或壞事，我們都必須快速適應生活中的改變，回歸幸福的基線。將享樂適應套用在購買上，意思是當我們看上一部新車，覺得要是有了這部車就會更快樂，然而真正買下這部車後，一開始我們確實可能暫時感到滿足，但過沒多久會發現所帶來的快樂並不持久，錢因此少了一大半卻是不爭的事實。理財專家稱之為「享樂跑步機」，就好比我們一直向前奔跑，通常是奔向我們想購買的物質，幸福卻從未真正提升。然而，大多人雖然原地踏步，卻持續追逐幸福，深深相信只要某天升官加薪、買到想要的貴重物品，幸福就會降臨。當然幸福從來沒有因此降臨。

　　花時間思考你的消費模式很值得，拿你現在的生活和幾年前、甚至你剛開始工作的那幾年相比，看看是否也出現了通貨膨脹的情況。檢視你目前的開銷，有沒有過去不曾有的花費，其中哪些能真正改善你的生活品質。思考一下哪些新增開銷是滿足「需求」，例如：孩子的學費開銷；而哪些又是滿足「欲望」，也就是完全可有可無的非必要花費。生活方式造成的通貨膨脹大多數都是假扮成需求的欲望。

　　譬如，很多人上班需要代步工具，如果對於汽車購買來源都一視同仁，就很容易推翻那種每隔幾年必須換置一部新車的說法，畢竟汽車是必需品。然而並非每部汽車都具有相同的意義，新車並非必需品，便宜二手的 20 年老爺車並不會輸給新穎汽車，一樣可以開去上班。所以，二手車是必需品，而新車則是假扮成必需品的欲望商品。時常更換新車，經年累月下來會很難存到錢，這也說明了典型的生活方式造成的通貨膨脹是怎麼發生的。

　　即使每週花 20 美元，看似微不足道，一整年下來累積的數字卻會超過 1 千美元，而這筆錢本來可以存起來的。你當然有資格擁有你想要的東西，但如果你的目標是提早退休，那麼你應該幫自己一個忙，學會認清事實，知道你的生活方式遇上了通貨膨脹，揪出假扮成必需品的欲望物品，面對生活方式通貨膨脹，謹慎選擇你的支出。

　　儲蓄的第二大障礙和生活方式通貨膨脹有關，那就是無腦開銷，也就是每天不經思考就花下去的小筆開銷，而這些通常都是不會為人生帶來實質價值的事物。**有腦開銷則是計畫之中、在交出辛苦錢之前周全思考的花費，往往都是你真正需要，至少是你會經常使用、不會浪費的東西。**

　　有腦花錢就是金錢真正的使用方法：金錢只是滿足你基本需求、達成最重要目的、改善生活品質的一種手段。而省錢大作戰真正要對抗的，是無腦開銷。這一類通常都是不知不覺的

開支，像是衝動購物，忘記自己已經訂閱或加入會員、導致每月持續掏錢的服務，以及當下花錢購買卻其實不怎麼需要的便利品。如果你每天午餐都花 10 美元，雖然一餐並不會讓你有種快要破產的感覺，也不會讓你覺得離發財近了。但要是加總一整年下來的午餐費，卻等於不知不覺花了 2 千 4 百美元。要是自帶便當，大可只花一小筆開銷。

　　很難用一條界線區分有腦或無腦開銷，但可以用能否改善生活品質做為檢驗的標準。就拿午餐的例子來說，假設你從不外出用餐，你懂得仔細品嘗花錢買來的每一口午餐，而且非常需要這頓飯，讓你可以抽離工作壓力，稍微喘息，並且完成這一天的工作，那麼一年花 2 千 4 百美元就很值得。同樣地，如果你平時為了工作和孩子蠟燭兩頭燒，不用自備午餐能讓你稍微輕鬆一下，不用承受準備午餐的巨大壓力，這筆錢也算花得很值得。可是話說回來，你應該還是找得到稍微降低日常開支的方法。然而，如果你知道你找到自備午餐的方法，卻每天匆匆忙忙，囫圇吞棗，那麼這筆錢就算是無腦開銷，應該節約。

　　刪減無腦開銷和不必要的生活方式通貨膨脹，你就能以最不辛苦的方式存到錢，而不是白花錢，你應該把這當作實踐的第一個步驟。但要是你可以改變金錢觀，即使不犧牲你喜歡的事物，也可以儲蓄到更多錢。小時候第一次接觸金錢，通常都是獎賞。也許我們在阿嬤贈送的生日卡裡發現一張白花花的鈔票，或是幫忙做家事，獲得一點酬勞。我們從小就知道，只要

有錢，想要什麼都買得到，像是在電視上看到的玩具，抑或爸媽不肯買給我們的糖果。

我們對這一點深信不疑，這個想法一路維持到長大成人，於是我們開始花錢犒賞辛苦工作的自己，或是用錢換取便利生活。可是花錢購買我們想要的東西並不是最主要的交易。最重要的交易，其實是我們一開始獲得金錢的方式：工作。**我們拿自己的時間、精力、腦容量換取薪資，所以薪資入袋的時候，我們其實早已為這筆錢付出代價。**

我們當然可以繼續這種交易，換取我們可能需要，也可能不需要的東西。但我們也可以選擇覺醒，看見金錢的本質：金錢就是我們為了得到金錢而投入的光陰，這是維琪·魯賓（Vicki Robin）和喬·杜明桂（Joe Dominguez）在《富足人生：要錢還是要命》（*Your Money or Your Life*）裡提出的概念。如果認清我們賺的錢可以買回未來的時間，我們就能清楚界定，什麼值得我們花錢，什麼不值得。

要是一件襯衫要價 3 個鐘頭的時薪，就等於花費了你人生的 3 小時，而你永遠也討不回這 3 小時。這是立即成本，但以長遠來看，成本可能甚至更高。無論是提早退休或傳統退休，你每週努力節省每 1 塊錢，都等於你為退休少存 300 美元（關於這點會在第 7 章深究）。如果你現在領的薪水超過退休生活的預期需求，那麼某樣東西的實際成本就不只是你努力工作換得商品的時間，同時也是機會成本，畢竟本來你可以用這段時

間做自己想做的事，這下卻得用來工作。

在 Part 2 算好未來支出後，你可以用一年 365 天相除，得出提早退休生活的每日必須開銷。這樣一來，你就會比較容易做決定，知道是否應該掏出看似無足輕重的 150 美元買某樣東西、應該存起來當作日常開支，或是用來換取未來的自由。雖然錢永遠可以再賺，但是我們的時間有限，提醒自己這一點，你就會更清楚怎麼做決定。

**扭轉金錢觀念，把金錢當成被工作占據的時間，也是讓你可以買回未來時間的工具，而不是犒賞自己工作辛勞的手段。** 為了儲蓄而儲蓄並不好玩，除非你天生就是勤儉持家的人，但要是有清晰明確的理由，儲蓄給人的感覺就很不一樣，非常不可思議。

前面探討生活方式造成的通貨膨脹、無腦開銷、扭轉金錢觀念，都是在教你不花錢。可是花錢並非壞事，把錢花在你真正重視的事物，可以說是金錢最好的用途。我和馬克釐清了不被工作綁住的人生願景後，花錢態度一夕丕變。重新調整過金錢觀後，我們立刻停止餐廳花費，捨棄有線電視、全新滑雪裝備、時不時就來一瓶葡萄酒等開銷，反而把這筆錢存起來。由於我們很清楚儲蓄目的，所以對這些東西並沒有念念不忘。

對我們來說，反倒是旅遊重要到無法割捨，只要我們之中有一人暗示只要不旅行，就可以加快儲蓄的步伐時，我們就會渾身不對勁。於是我們很清楚，旅遊是最重要的一件事，也是

值得我們花錢的事。但是旅行的不必要開銷，有時也會假扮成
必需品，混進我們的開銷。後來我們達成共識，我們最在乎的
是可以體驗一個地方，而不是床單的織物密度。我們對自己妥
協，利用有限預算旅行，即使是必須睡在如同鞋櫃大小的飯店
房間，搭公車而不是飛機，都無所謂。

　　只要能辦到一毛不拔，相信不管是誰都能完整將一大筆薪
水丟進存錢筒。但要是什麼錢都不能花，或是錙銖必較到不人
道的地步，只怕這樣的人生也不值得你花心思與力氣去爭取。
在此提供一個好用訣竅，就是依照在第 2 章所找出那些對你最
重要的事來決定，並且在開支和儲蓄間取得平衡。你可能已經
心知肚明，哪些花費對你而言毫無討論空間，至於相關費用，
你或許可心甘情願縮減，同時不犧牲最重要的經驗。

　　然而，在排除了生活方式的通貨膨脹和無腦開銷後，預算
仍可能有極大的灰色地帶，畢竟我們是人，禁不起誘惑，可能
失控、衝動購物，也可能敗給消費行銷手段，說服自己是真
的很需要某樣新玩意。若要保證成功存到錢，最好的方法如
下：第一，做好存錢的決心。重新改寫個人描述、寫上人生中
最重要的事情時，可以多加一項，那就是你是一個懂得存錢的
人，即使你的理財人生頭一遭出現這個想法，現在改變也不會
太晚。要是你對生活方式造成的通貨膨脹和享樂跑步機的概念
非常有共鳴，也可以寫進全新的個人描述，說明你不只懂得存
錢，更曉得避免靠花錢來追逐稍縱即逝的快樂或身分地位。第

二，寫一份理財任務宣言，確保你按照規定的方式用錢。

　　講到堅守理財目標，維持簡單就是上策。**你越能簡化決策，就越不需要在考慮該不該買某樣東西時，動用你有限的意志力。**這就是理財任務宣言的目的，概述呼應你人生優先事項的花錢哲學，意思是將錢用在可為人生增值的事物，拒絕用在其他不必要的事物上。這個宣言也是一種指導方針，不僅可以避開勸敗火種，還能傳遞個人的全面性目標。為了整理出你想收錄在理財任務宣言的花錢哲學，以下提出幾個激發思考的問題，請你作答，然後找出可以呼應主題的共同答案，要是你有另一半，請和對方一起作答。

### 你覺得哪一筆開銷花得最值得？

　　或許你的腦海馬上就浮現答案，沒有的話，請回到第 2 章，回顧你最快樂的回憶。你當時在做什麼？你需要付出什麼？這筆花費是否帶給你長久幸福感，而不是短暫的多巴胺激增，之後又回到享樂跑步機狀態？花這筆錢是否讓你的人生變得輕鬆？有趣？好玩？你是否從中獲得珍貴記憶？這筆開銷對你有具體的好處嗎？

### 哪一筆經常開銷讓你覺得最開心？

　　所有的經常開銷中，哪些讓你長久感覺到幸福？是什麼讓你覺得幸福？是否有讓你的人生變得更美好？

## 哪一筆開銷是你日後不大會想念的東西？

哪些開銷是即使沒有也無關緊要的東西？請特別往無腦或衝動購物的方向思考，即使割捨了也不痛不癢？你現在的開銷之中，是否有你過去不太會特別花錢、即使刪減也不會對你造成太大影響的事物？

## 哪些開銷是你心中的必要支出，比存到一大筆錢更重要？

哪種開銷對你而言毫無討論空間，無論未來人生願景有多美好，都無法誘惑你？割捨之後會讓你覺得即使達成最終目標，你也不會開心？

## 在減少開銷的前提下，能否享受你最重視的事物，也不犧牲最重要的經驗？

對你而言，最重要的開銷真的需要花到這麼多錢嗎？能不能減少花費，同時獲得差不多的經驗？要是你熱愛跑步，是否可以不去健身房，只在戶外跑步？如果你熱愛和家人慶祝節日，是否可以節省禮物花費，享受彼此相處的時光即可？

## 哪個時期讓你覺得過得很快樂，卻不須花費太多開銷？

請回想你成年後的每個人生階段，是否有某個人生階段，讓你覺得過得很快樂，卻不需要花費那麼多錢，甚至是不花錢反而更快樂？你是否有可能回到那種消費水準，割捨後來才造

成通貨膨脹的生活方式？

## 有沒有你非常享受卻願意為了目標而割捨的事物？

你是否有哪些昂貴嗜好，其實可以不用花那麼多錢？假設你很滿意現在的家，但要是換成小一點的房子，是否可以一樣開心？你是否享受開車馳騁的感受，卻心知肚明，即使換成一部平價二手車，同樣可以抵達目的地？如果你居住的城市有便利的公共交通網，你是否可以完全不靠汽車代步？你喜歡打扮時髦新潮，但內心很清楚，只穿基本款服飾的話，可以穿個好幾年不過時？為了更快展開不被工作綁住的人生，你願意拿什麼來交換？

現在你已經回答完所有問題，請像先前找出人生最優先事項那樣，也找出對你而言最具意義的共同主題，你覺得刪減卻不至於念念不忘的事物，以及你即使縮減開銷也能同樣享受的事物。如果有意外的答案，請特別做記號。接著請回顧第 2 章裡列出的人生優先事項，問問自己，第 2 章的內容是否和本章的重要開銷重疊。是否哪樣開銷出現南轅北轍的答案？你能否完全放棄或至少縮減某樣事物的開銷？要是答案是不行倒也無妨，尤其是工作必要的生財工具。至於這一類開銷，可以標註為脫離工作限制後可以刪除的開銷。

最後，綜合你所得出的答案，請運用下列句子，整理成你

個人的花錢哲學：

- 為了某件事物花錢時，我很謹慎，不會有罪惡感。
- 為了某件事物花錢時，我只把錢花在刀口上。
- 我不會在某件事物上花錢。

　　就某方面來說，最後一句話的威力最強大，直接否定。下次碰到是否該為某件事物花錢的情況時，就不必浪費時間思考，因為你已知不會花這筆錢，或是你現在已經不這麼用錢。這就好像你問一個吃素的人吃不吃牛排一樣，他們根本不用停下來思考，因為他們早就知道答案。把這些決定變成下意識的動作，就是為了保證你成功完成屬於你的提早退休計畫，努力組織的系統之一。

　　理財任務宣言的下一個元素，就是檢視你的消費火種。雖然多數人或多或少都會在不用腦的情況下亂花錢，不過要是仔細檢視消費火種，就算不是購物狂，也不拜金，你也可以收割好處。知道自己何時何地會花錢，以及花錢的理由和習慣，邁向提早退休之路時，就能輕而易舉降低消費機會，省下更多錢。我開始認真研究我們的支出後，有件事立刻引起我的注意，那就是我在目標百貨公司（Target）血拼時，每筆消費都不低於 100 美元。一開始踏入百貨公司時，購物清單裡只有基本的必需品，但離開時購物車總會多出五花八門的東西。雖然

都不是什麼了不起的奢侈品，可是日積月累下來，可能一下買了燈具，一下是窗簾桿子，下一次去又買了可愛造型的餐盤，隨隨便便就超過幾千美元。我當下驚覺，原來目標百貨就是我的消費火種。如果你已經揪出你的消費火種，可以鍛鍊自己，別再玩火，你會不可思議地發現，省錢變得容易許多。現在我們就來揪出你的消費火種吧。

問問你自己平常是怎麼花錢的。你是否傾向……

- 不列購物清單，看到什麼買什麼？
- 買下不在你購物清單上的東西？
- 時常上網購物？
- 訂閱某項付費服務，事後就忘了這回事？
- 只為了未來可能需求，「以防萬一」買了某樣東西？
- 把購物當成嗜好或打發無聊的日常消遣？
- 是否會買下不在原定購物清單裡的東西？
- 一有機會就想升級現有的東西（房屋、汽車、電器等）？
- 大量採購某樣商品，但你根本不需要那麼多？
- 收到拍賣通知或折扣碼時，會買根本不需要的東西？
- 只因為正在特價或看似划算就買單？
- 在肚子正餓的時候去買菜？
- 故意買一堆同質性商品，之後選一個留下，其他退貨？
- 愛跟風買新潮的東西？

- 看見朋友或鄰居穿戴或使用某樣東西，所以也跟著買？
- 外出用餐或在其他事物上花錢時從不記帳？
- 和別人在一起時容易花錢？
- 自己一人時容易花錢？

**上列問題不是在指責你花錢的方式，而是找出讓你亂花錢的主因。當你知道促發火苗的主要火種，就可以採取守財對策，遵照原定理財計畫執行。**如果你有另一半，兩人都必須思考上述問題以及下列核對清單。雖然伴侶的價值觀可能相近，彼此重視的事物也相同，但金錢概念牽涉個人情緒，每個人的消費火種、使用金錢的情緒都大不相同。對我來說，目標百貨公司就是我的消費火種；對馬克來說，看見朋友擁有新滑雪行頭或登山越野車，就會讓他忍不住手癢想花錢。他想要朋友所擁有的新潮酷炫玩具，幻想著要是擁有這些行頭，他就會功力大增。

以上問題清單檢視可能導致消費超過必須門檻的功能性火種，但是消費行為通常屬於一種情緒回應，你會發現你的消費火種可能和感受較有關聯，而不是特定場所或某種習慣所致。

許多人買東西時抱有一種心態，彷彿買了某樣東西後，人生就會變得更美好。像是期許自己可以經常騎單車，所以買一台單車；或是買一個昂貴的登機旅行袋，期望將來有更多旅行的機會；抑或希望成為熱愛啃書的人，入手堆積如山、卻根本

不會碰的書。行銷業務人員都是話術高手，他們很懂得編織神話。即使原本正在使用的手機還好端端的，他們就是能成功讓我們上鉤，花個幾百美元買支新手機，好像有了它，你就貼上了時尚酷炫的標籤。他們也會說服消費者，穿上新鞋你就能跑得更快。這一類消費通常可以這麼形容：「向鄰居看齊」，也就是為了符合社會或鄰居所期盼的形象，甚至是改變看待自我的形象而消費。如果你也屬於這一種人，你其實和大多數人一樣，只是你大可不必這樣繼續下去。

情緒性消費的其他徵兆，包括壓力罩頂或負面情緒爆發時的大血拼，美其名是「對自己好一點」。再不然就是利用購物填補空虛心靈。或者往往買了之後才發現已經有類似或根本一樣的東西。抑或只是為了滿足他人期許的配合購買，而不是因為那樣東西真的很重要。人們多少都會為了滿足他人期望而不得不消費，無論是孩子參加派對時需要的生日禮物，或是因為別人希望我們參與活動，都算在內。但請注意某些消費是否讓你覺得心不甘情不願，或感覺自己是被迫參加。

與上例相反，有些人會透過花錢取悅他人，例如：為了表現你對對方的愛，心甘情願花錢。如果你會這麼做，想想是否能以不花錢的方式，或是花較少的錢，向他們表達你的感情？你可以打電話、花時間陪伴他們，或透過實際行動代替花錢？

問問自己是否偶爾會做出情緒性消費的決定。如果你有另一半，也請對方一起做以下檢測：

☐ 購買某樣東西，是因為覺得自己會更好、人生會變美好。

☐ 壓力龐大或情緒潰堤時就會買東西。

☐ 重複購買已經有的東西。

☐ 只是為了滿足他人期望而消費，而不是因為這樣東西能讓你
　 的人生更有價值。

☐ 為表達你的愛意，在孩子和他人身上花錢。

☐ 花錢填補空虛心靈。

　　請將以上勾選好的情緒性消費火種，和另一份功能性火種
擺在一起觀察，就能更清楚自己應該謹慎當心哪方面的消費，
或許可以改變某些習慣，避免功能性和情緒性消費火種，或者
用其他方法處理你的情緒。我發現踏入目標百貨公司就是我的
消費火種，我曾為了懸崖勒馬試過各種方法。像是我會試著對
自己精神喊話：妳需要的只有購物清單上的物品！我也曾經嘗
試只帶現金，不帶信用卡或簽帳金融卡出門。但最後我發現唯
一能讓我不在百貨公司亂花錢的有效方法，就是完全不去。

　　我為自己設下一個新規定，那就是再也不准踏入目標百貨
公司。結果，地球並沒有停止轉動，我透過其他管道購買那些
原本在目標百貨公司買的家居用品，而且完全沒有戀戀不捨的
感覺。我上一次走進目標百貨公司已經是五年前，而現在我的
錢包高興多了。至於馬克，他規定自己只能每幾年更換一次滑
雪和單車的新行頭，但他只能買二手品。二手貨既比較便宜，

也比原有的行頭好用。

　　我們還改變其他習慣，像是逼自己不可為了想買而買、買菜一定要列出購物清單、網購時會刻意把東西放在購物車整整一週，慢慢思考是否值得花這筆錢，確定了才會訂購。我們也曾經狠下心，取消訂閱那些會拿促銷價和折價券誘惑我們的電子報。真的很不可思議，光是這幾個小動作，就幫我們擺脫消費誘惑，降低日積月累、微不足道的衝動購物行為，讓我們跳下享樂跑步機，大大提升儲蓄。

　　思考你可以改變哪些生活層面，達成提早退休的目標。寫下一份宣言，以利日後隨時回顧，幫助你不偏離軌道，或者稍微走偏時回頭查看。現在就利用你得出的結論，整理出一份完整的理財任務宣言吧。看看哪些是不會引起罪惡感的消費、哪些屬於理性消費、哪些東西你不應該再買、哪些是引燃你消費行為的火種、哪些情緒會使你亂花錢，然後彙整成下列清單：

- 今後需要割捨的消費
- 應避免的情況
- 值得注意的情緒性火種
- 應該停止的習慣

　　接著回到人生優先事項，加上這些：

- 人生最優先事項
- 有助實現人生願景的有腦消費

　　最後彙整成一份理財任務宣言。請務必集結所有要素，將重點放在大方向的願景，以利提醒自己提前退休的理由。

宣言例一：

　　**我的理財任務是為了服務、探險、創意的人生做準備，最終目標是提前退休，不再為了錢工作。為了履行這個任務，我今後絕不會在沒有列出購物清單的情況下採購，也不再踏進目標百貨公司一步，並且留意是否只因為幻想自己可以變得更好而購買某樣商品。進行探險活動時我會注意消費，降低開銷，一樣可以獲得最高經驗值。**

宣言例二：

　　**我的理財任務是為了未來可以四處旅行、陪伴孩子，實踐方法是存到足夠積蓄、縮減工時。為了實現這個任務，我將不再購買孩子不需要也不要求的玩具和衣服，我會刪掉我在亞馬遜和其他網站上的信用卡帳號，減少衝動購物的機會，我會注意不為了他人的看法亂花錢。**

　　理財任務宣言寫好之後，再捫心自問一次：你是否真的確

實捕捉到你的人生願景？這個願景是否反映在你日後的金錢運用上？思考理財任務宣言時，你有什麼感受？如果你感覺到滿滿的動力，很好！若你感到焦慮不安，別擔心，這是屬於你個人的旅途，要是你還沒準備好割捨，沒人會逼你放棄任何事物。**問問自己，你是否已經準備好改變，即使是微不足道的小事，都可以從踏出那一小步開始。你可能發現一點一滴修正消費行為會比較容易，不管是哪種狀況，你都會走上不被工作綁住的道路。**

　　我們已經在 Part 1 塑造偉大夢想，深入探討在實現不被工作綁住的人生之前該具備的心理準備，而這些都在在影響你打造提早退休之路的方法。接下來我們會探討理財，帶你展開屬於你的旅途。

PART 2

# 不被工作綁住的
# 防彈理財計畫

現在你已經有了人生願景，
接著必須打造一張能夠迅速直達目的地的理財路線圖。
你不用縮衣節食，不需要是數學達人，也不必犧牲生活品質，
因為，生活品質和你為自己策劃的未來都非常重要。

# 第4章
# 為了未來，開始投資

最好的投資手法其實都很無趣。

—— 喬治・索羅斯（George Soros），
貨幣投機家、股票投資者、慈善家

　　社會大眾的金錢觀彷彿在迷宮裡打轉，尤其是長期理財計畫。很多人都抱持錯誤觀點，以為規劃財務未來是一件錯綜複雜、猶如數學解題般令人頭痛的難事。理財大可不必如此。我們在 Part 1 提到，用錢方式多半屬於一種情緒反應，金錢觀則主宰著我們的儲蓄能力。檢視自己的金錢觀時，你已經過一番深思熟慮，接下來實際的理財計畫便可順水推舟，而不是像微積分題一樣難解。

　　既然如此，我們來討論工具吧，或更明確一點來講，不是把金錢當作你努力賺取的目標，反而變成幫你推波助瀾的工具。為了實踐提早退休的願景，最需要做的事就是投資，錢滾錢、利滾利，創造出不被工作綁住的人生。如果你還沒開始投資，千萬別對投資望之卻步。很多理財專家故意把投資講得很

難懂，為的就是希望你雇請他們管理財務。但事實上，要是你的投資手法複雜到無法解釋給小孩聽，那這種投資可能也不怎麼好。最好的投資策略其實很無趣，也很好懂，執行起來更是輕鬆簡單。

　　現在就來看看你想選擇什麼理財法達到提早退休的目標，也就是說，為了完成目標，你希望為工具箱增添的新祕密武器。先來談提早退休的實踐原理吧。每個曾經工作過的人都明白賺錢的意義。你出門上班，每個月有一筆薪資入帳，以金錢犒賞你這段時間付出的心力。也可能你擁有自己的公司事業，你招攬客戶、提供服務，最後收到酬勞。嚴格來說，這叫作勞動收入。但是從勞動收入轉型成乍看名稱讓人一頭霧水的非勞動收入，也是完全可能的。所謂的非勞動收入，真的就是不勞而獲的酬勞，部分是源自一種名叫複利的奇蹟。你可能聽說這也叫作被動收入，但我個人比較喜歡稱之為魔術收入。

　　當然，其實沒有魔術介入，只是當你看見你投資的金錢隨著時間成長，什麼都不用做就可以錢滾錢，感覺真的很像變魔術。所謂的「魔術」只是你的投資資金，經過複利、資本利得、資產增值累積的財富，意思是你每年賺的錢不是往上累加而已，而是前一年的成長倍數，因此成長更加快速。如果你投資資金夠雄厚，最後投資資產滾出的魔術收入或被動收入，就足以負擔你的所有生活費用，意思是你再也不需要工作，或是可以減少工作量。

先不論你對哪種提前退休模式有興趣，完全提早退休、半退休，或是事業中斷都好，不管怎樣，基本原則不變：你會希望投資越多越好，越早越好，而且投資利器能夠穩定增長，在你脫離傳統工作模式後仍能長期供養你，供應源源不絕的穩定收入。你只需要舉起一根手指，這些源源不絕的所得都會持續入帳（傑克，這實在太神奇啦！），讓你有時間在正常就業和事業架構外，追求對你具有意義的事。

提前退休背後的數學原理，想必人人都懂。不外乎就是**支出低於收入，並將多出來的錢拿來投資，產出充裕的魔術收入，養活退休後的你**。可是就投資行為來看，想要成功理財、享受不被工作綁住的人生，你需要走上不同於他人的道路。多數人積極賺錢，消極理財。他們每天勤奮上班打卡，看著一筆筆薪資入袋，卻不怎麼留意財務大方向，最後無能為力替退休做好準備，前提是他們有錢可以退休。不管是哪種提前退休，基本上都需要你顛倒公式：**積極計畫理財人生，賺取被動收入**。

以下探討幾種用來打造魔術收入來源的工具，但多數規劃提早退休的人，會把重點放在四個基本做法的其中之一：

## 一、收益提取投資

個別購買或透過共同基金或指數型基金投資股票及債券，投資人期待慢慢看見投資增值，接著便可出售（提取收益）超過投資購入價值的股份，而賣出股份的所得獲利，即是主要的

魔術收入。

## 二、股息投資

　　投資股票或股票共同基金，從投資公司的股份價格來看，支付的股息龐大（部分公司收益付給股東），投資人則不必賣出股票，便能藉由股息坐收魔術收入。股息投資人之後可選擇賣掉股份，這筆獲利則屬於額外所得。

## 三、房地產出租投資

　　購買房地產後出租，收租總額扣除費用後賺取的淨利，就是半魔術收入（或稱「半被動」，因為管理房地產其實很耗時。但還是有其他辦法，這點稍後會講到）。房地產投資人也可以脫手房屋，任何增值房價就是額外的魔術收入，但可能需要繳納沉重稅金。

## 四、被動事業所得成長

　　投資你的時間，建立日後不用老闆出力、即可產生魔術或半魔術所得的事業。某些個案可望將事業賣給新買家，這種獲利是一次性的魔術所得，但需要付出代價，那就是不會有源源不絕的規律收入。

　　雖然投資方法截然不同，背後的目標都是一樣的：投資人

（也就是你）將賺來的辛苦錢，投入你選擇的投資工具，期望投資帶來的魔術收入可以趕上通貨膨脹和費用。你的投資價值和利潤將會滾滾而來，利用投資供應足夠的魔術收入，餘生都不用再愁吃穿。換句話說：你不用辛苦節省每一塊錢過活。如果你運用的投資法夠聰明，市場、房客、顧客會主動為你的投資增值盡一份力，你可以比想像中更快速達到最終目標。

 ## 不需要知道太多投資常識

如果你覺得投資對你來說很嚇人，你並不孤單。即便我開始慢慢培養良好的理財習慣、更努力儲蓄，但是我把錢存在一般儲蓄帳戶的時間還是太長。美國聯邦儲蓄保險公司（FDIC）的保險信誓旦旦，存在儲蓄帳戶裡的錢若超過 25 萬美元，絕不會不翼而飛，這個擔保聽了很讓人放心，更何況對我而言，投資就等於損失錢財。要怎麼樣才能選對股票，光想我就覺得可怕。我這種平凡人怎麼可能知道選哪支股票才會賺？我不禁納悶。我完全看不懂企業的業績報表，也不會根據市值評估股票價格，我連市值是什麼都不知道（說到底就是每股市價乘以發行總股數）。窮擔心的並非只有我一人。目前低於 35 歲的股票投資人僅占了三分之一，很多人都對股市投資抱持戒慎恐懼的心態，無庸置疑，這肯定就是 2008 年全球金融危機的遺毒。[1]我也是花了好幾年時間才跳脫這種概念，明白不是只有投資專

家才懂得投資。而隨著我深入研究、學習更多知識，我發現其
實需要知道的重點真的只有幾個，光是這樣就可以放手投資，
並且成功收割。只要知道以下三件事，就等於已經擁有成功達
陣的所有知識：

## 一、不必挑對股票、戰勝股市，只需要配合股市

　　算入通貨膨脹前，歷史上美國股市的平均年收入是 9％～
10％，算入通貨膨脹後是 6.8％，這已經足以讓你的投資組合
成長，退休後好一段時間都不用愁。如果你不選獲利股票，並
將投資主力放在指數型基金，配合股市就很容易，指數型基金
一般都追蹤全美股市或主要的 S&P 500 指數。

## 二、不必等到手氣時機好，才能縱橫股市

　　歷史上，即使經過通貨膨脹的調整，美國股市每隔十年，
比起上一個十年還是上漲。不斷有研究顯示，多給你的資金一
點時間，讓它在股市裡成長，而不是空等手氣和機運（堅稱
股市時機攸關技巧的人只是想騙你的錢。所以快跑吧，跑遠一
點！）。俗話說得好：「給股市一點時間，遠比等待股票時機
來得重要。」時漲時跌是股市常態，你要學著習慣。有時帳戶
可能看似虧損，不過其實只有賣出股票和套牢，才算是真正的
虧損。所以，如果你買股票，而且撐得夠久，短期漲跌都不重
要，讓它自然增值比較好。只要你不會急需你已投入股市的資

金，你幾乎可以保證，待時機成熟投資自會增值。身為一名聰明投資人，你只要對長期投資有興趣。短期內需要資金的話，例如：應急基金或買房資金，應該把這筆資金存在股市外的儲蓄帳戶。

## 三、通貨膨脹的風險比股市更大

自從 2008 年的全球金融危機，儲存在「高利息」儲蓄帳戶的錢，增加了 0.5％～ 1.75％的年利率。同時，通貨膨脹平均介於 2％與 3％之間，跟過去的平均值 3.3％一致，美國聯邦儲蓄銀行的目標則是將通貨膨脹壓在 2％左右。如果你每年在高利息儲蓄戶頭內存入 1 千美元，較高的存款價值大概會落在 1,015 美元（以 1.5％的年度百分率來說），但多虧通貨膨脹，現在需要花 1,030 美元（假設通貨膨脹是 3％）才能買到一年前價值 1 千美元的東西。換句話說，如果你把所有錢存在儲蓄帳戶，唯一可以保證的是你的消費能力會遭殃，這就叫通貨膨脹風險。雖然這筆錢的數字不會真正縮水，但是**任何無法抵抗通貨膨脹的儲蓄或投資工具，都是一場虧本投資**。（見圖表 4.1）如果你將 1 千美元投資在低價位的指數型基金，並假設你再接再厲投資股息，一般來說應該會有 9％的增長，算進通貨膨脹後是 6％～ 7％。雖然這個數字每年會浮動，不過你可以放心，長遠來看，股市投資只會增加你的消費能力。

圖表 4.1　每年平均收益成長

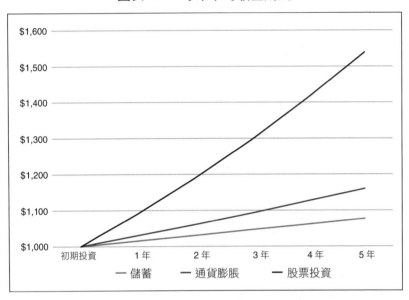

想要適應投資，就得先適應風險，最好的做法就是接受事實，天底下沒有零風險的道路，只是看你選擇的是哪種風險。提前退休確實是有風險，可能哪天會花光積蓄。但是工作到 60 歲也不代表完全零風險。首先，很多工作到 60 歲的人還是存不到退休基金，一樣可能會花光積蓄。更慘的是，他們冒著風險，將人生最燦爛的時光奉獻給工作，而不是用那幾年光陰，好好追尋熱血，陪伴他們最在乎的人。雖然很多人活到六、七十歲依舊硬朗、生龍活虎，可是世事難料。

跟購買股票相比，購買債券是另一種狀似風險較低的選擇，然而債券也有風險，那就是配息較低：投資研究機構晨星

（Morningstar）分析顯示，大型公司股票以每年平均超過 4 個百分點（9.8％對比 5.7％）大勝政府債券，要是長年投資，這種巨大差距可能造成影響，決定你的錢是否夠一段時間花用，或是晚年財庫耗盡。長期來看，所有以股市為主的投資裡，股票是最有機會增值獲利的一種。就長期投資來說，即使可能某年跌損嚴重，股票的風險依舊低於債券。

**身為投資人，你的目標絕對不是掉入謬誤推論、努力避開風險，而是管理資金，提醒自己凡是看似「安穩」的投資，背後可能各藏風險，風險則是必然的**。只要是承諾你遠遠超過股市中等收益的大型投資，記得千萬不要碰，因為這很可能是詐騙或是一種騙術，請瞄準落差與整體股市不大的投資。講到投資，無趣是上上之道，中庸也是。所以，仔細思考後決定你可以承擔的風險才是上策，不至於壓力爆表。

如果你深知投資高風險工具只會讓你輾轉難眠，那麼不遺餘力投入股票和股票型基金恐怕不適合你。反過來說，如果你並不介意帳戶結餘稍微起伏，那麼略顯保守的高比例債券及現金投資恐怕也不適合你。每一種資產都有風險組合，一般原則是投資報酬率越高，虧損機率越高。不過有其他風險承擔的管理方式，而這些方法不見得只適用在你選擇的投資工具。所以在我帶領你認識投資工具選項時，只管放寬心胸。

除了留意風險組合，費用是另一個應該注意的層面。投資費用又叫作操作費用比率、管理費用、手續費、銷售費、交易

費，即使狀似無害，然而要是一個不當心，這筆費用還是可能
侵蝕你的投資組合收益。試想，要是每年投資的操作費用比率
是 2％，而你每年的平均淨增益是 8％，雖說 2％感覺只是小數
字，但要是沒有這筆占了四分之一的收費，8％就能完整入袋。

而扣除費用的話，原本賺到的 8％就會縮水成 6％，再算
進平均的通貨膨脹率，6％就變成 3％的實際收益，幾乎所剩無
幾。不過要是你的淨增益一樣是 8％，費用卻只有 0.25％，你
就能獲得多半收益，淨賺 7.75％，算進通貨膨脹後淨增益就是
4.75％，比 2％費用的情況高出 58％。58％已經很不得了，經
年累月下來會很可觀。

對於年輕投資人的退休投資組合，費用會帶來什麼樣的破
壞，關於這點，個人理財網站 NerdWallet 進行了一項分析。假
設某投資人預計在 40 歲退休，在 25 歲那年，開始投入 2 萬 5
千美元，開設退休帳戶，每年持續放 1 萬美元，經過長期通貨
膨脹調整的平均值，收益差不多是 7％。然而要是這位投資人
得付 1％管理費用，損失如圖表 4.2 所示：

### 圖表 4.2　長期費用造成的價值損失

| 投資<br>年期 | 費用損失的組合價值<br>（美元） | 收取費用後的整體<br>投資價值（美元） | 費用損失的價值<br>（％） |
|---|---|---|---|
| 10 | 11,343 | 166,000 | 6.4 |
| 20 | 61,696 | 435,001 | 12.4 |

| 30 | 210,700 | 914,215 | 18.7 |
| 40 | 592,798 | 1,770,000 | 25.1 |

資料來源：NerdWallet

　　要是同一個投資人選擇低收費的指數型基金，投資組合就能讓你荷包滿滿，以超過五十萬美元的增值資金退休。即使費用只有1％，長久下來仍可能對你的收益造成巨大損失，所以緊盯留意投資相關的費用，最好瞄準費用1％以下的投資工具，收費越少越好。接下來介紹可以加入錢滾錢魔術利器行列的投資工具時，風險和費用都值得你牢牢記在腦海。

　　但我有個好消息：找到高品質、低收費的投資工具，其實超級簡單，而且你不需要是專家就能自己管理。

 **值得考慮的投資工具**

　　現在就來探究讓你一生高枕無憂的各種錢滾錢投資選項，包括投資方法的利弊、哪種工具比較簡單不黏手、哪些則需要多做功課。雖然每一種投資工具選項我都會提到，不過請記住，你只須從中挑選一、兩種，便可打造出穩紮穩打的提早退休理財計畫。若你希望打造出多樣化的理財計畫，兼具許多投資元素，那也很好，但這不是絕對必要。提供以下資訊不是要讓你變身投資理財專家，只是幫忙決定你想加入工具箱的投資

利器，同時瞭解自己比較不適合哪一種。跟其他層面的規劃一樣，請發揮自身優勢。如果你想要簡單的投資方法，有適合你的好方法。如果你是報表高手，想要來點複雜的投資也可以，打造出多層次的投資計畫。一切的選擇權在你。

## 個別股票和債券

　　講到投資，多數人想到的都是購買個別股票或債券。股票又稱股權，是公司股份，每股等於一股股份，而買下股份便等於擁有公司部分所有權。支付職員及雜費後剩餘的利潤叫作股息，若公司將股息發行給股東，身為公司股東的你就會定期拿到這筆錢。

　　購買債券則讓你變成貸款人。購買債券就等於借錢給一個實體，對象通常是政府、大企業或債券發行機構，對方擔保在某個時候還債，而這個日期叫作債券到期日。和價值可能漲跌（具有波動率）的股票不同，債券出售時承諾將來勢必增值，也就是利潤保障。正因為價值有保障，所以一般人都覺得債券比股票安全。然而經過 2008 年的全球金融危機後，債券收益往往低於通貨膨脹率，因此又形成通貨膨脹風險。儘管具有風險，大多財經專家還是會建議大家，投資組合最好要同時有股票和債券，這就是分散風險，之後會在第 9 章深究。背後概念是股市低迷時，仍可定期出售債券，其他時候則利用股票刺激投資組合增長。債券還有一個附加好處，那就是美國許多

州和地方政府發行的債券不須納稅，因此不會有資本利得稅的問題，正好與低收益相互抵消。話雖如此，除非你是高稅收級別，提早退休後也仍屬這個級別，否則建議避買免稅債券，定期購買應稅債券，便可從中獲利。

　　請注意，研究顯示從過去紀錄來看，購買個別股票的投資人整體表現不如股市，只獲得 80％股市收益。這個現象可用兩大要素解釋：(1) 股票交易費可能大幅吞噬收益，尤其是經常交易的投資人；(2) 購買個別股票的人可能隨著股市起舞，陷入恐慌，賣低買高，這正好和滾錢魔術基本的留守政策背道而馳。除非你有加入員工認購股票計畫的機會，買進便宜股票，否則切勿將個別股票當作投資組合的主軸。債券則是防備股市波動的措施，投資組合裡應該要有債券。如果你不知道如何購買債券，覺得挑選債券很可怕，債券共同基金和指數型基金（下列會討論）都是不錯的選擇。

## 股息股票

　　股息股票是公司股票底下的分類，以股份價格來看，支付股息相對為高，不過通常成長較緩慢、資產增值較慢、波動率較低。打保守牌的投資人通常會傾向股息股票投資，因為這種策略能利用股息滾利，不須出售任何股份，可說是占盡兩方好處：你既可以獲得所得，保留全部股份，還能存本。不過，這個投資方法也有缺點，那就是股息股票增值的速度通常比成長

型股票緩慢，要是你最後決定出售股票，收益也比較少。許多
情況下，股息投資會逼你累積大於收益提取投資法的投資組
合，意思是你要工作和儲蓄較久，才能產生退休需要的魔術收
入現金流。

　　股息股票投資往往是較吃力的投資法，因為你得做足功
課，研究該買哪家公司的股票，還必須隨時追蹤財經新聞，瞭
解你投資的公司盈利是否可能縮水。若你偏好簡單省事的投資
法，股息投資可能不適合你。如果你選擇把主力放在股息投
資，請認購合格股息股票，這種股票有好處，那就是持股超過
六十天，股息稅率較低。

## 共同基金和指數股票型基金（ETF 基金）

　　共同基金是投資經理人集結而成的不同股票或債券組合，
通常是依照一個主題進行組合，例如：大型公司（市值億萬美
元的公司）或是中期債券（幾年後就到期，而不是十年以上才
到期的債券）。當你買進一支共同基金的股份，就等於買下該
基金控股的一小股，基金通常會依照風險等級分類，分成消極
到積極成長型基金等級別。消極成長型風險基金的收益可能較
少，不過，損失重大的風險也會連帶降低，

　　積極成長型基金的盈虧擺盪幅度則較大。基金也可分類為
透過高股息獲取所得的基金，或是加入潛力股以帶動股價成長
的基金。ETF 基金與共同基金幾乎沒有兩樣，但 ETF 基金股份

是以交易公開股票出售，而不是只有某間投資證券公司客戶獨得，管理費用也可能低於共同基金。

多半共同基金和許多 ETF 基金都需要積極管理，意思是個人或團隊要分析所有公開交易公司的資料，選擇將哪些股票和債券納入基金組合，並擺脫表現不佳的股票和債券，買下有前途的。積極管理的基金往往吹捧短期收益無人可及，但這類公司一般都不太樂意公布他們的高管理費或 1%～2%的費率，而這些全都進了基金經理人的口袋，這筆費用則會吞噬掉你絕大部分的收益。正因如此，長遠來說，積極管理的基金表現幾乎無法優於甚至只是追上整體股市平均表現。

此外，由於共同基金的重點一般只放在一種資產類別，分散風險的能力往往不佳，為了管理風險，你的投資組合最好準備幾種不同共同基金。有些屬於目標期限基金的共同基金會隨著目標日接近配置資產，傾向保守投資，藉此管理風險，但根據晨星的說法，這類基金的管理費用平均落在 0.84%，長期下來還是足以侵蝕你的收益。

## 指數型基金

股票和債券指數型基金是共同基金和 ETF 基金底下的分類，反映出 S&P 500、道瓊工業平均指數、全美國股市、全美國債券市場等關鍵股票或債券指數。指數型基金唯一的目標是對應市場，而不是比市場出色的表現。因此指數基金算是被動

管理，不會為了提高獲利而不斷微幅修改，基金管理人只買他們想對應的股票和債券的股份，比照指數的股份購買，接下來只需要翹腳等待複利滾滾而來。所謂被動管理，意思是比起積極管理基金，投資人支付的管理費用相對來得要低，每年通常低於 0.25%。

而低收費的廣大市場指數基金包括：嘉信理財綜合股票指數基金（Schwab US Broad Market Fund）、iShares 核心標普全美股市場指數基金（iShares Cores S&P Total US Stock Market Fund）、先鋒全美股市基金（Vanguard Total Stock Market Fund）、富達斯巴達 500 指數型基金（Fidelity Spartan 500 Index Fund），還有其他先鋒、富達投信、美國聯合服務汽車協會（USAA）、普信集團（T. Rowe Price）的基金，以上基金的總體操作費用比率都不超過 0.4%。儘管只是微幅的百分比差距，都可能影響你投資資產的盈利，因此即使是指數型基金，也不要輕忽費用。

指數型基金還有其他優點，稅金和健保費的試算就是其中之一。無論你或基金經理人想要出售一股股票，出售時必須納稅。你原本支付的股份市價是成本，而股份售價和應稅收入間的價差，就是資本利得或資本損失。扣除稅金後的虧損是資本損失，資本利得則是入袋的額外金額。你未來的理財計畫會需要盡量調整所得，調整到某個數字，以達最佳利益，減低必須繳納的所得稅、增加健保福利（關於這一點，第 5 章會深

究）。由於指數型基金不屬於主動型管理，基金經理人不會反覆加入新股票、重新平衡配置，更是幾乎不會私下出售股份，因此不需要繳稅，破壞你謹慎計算出來的金額。

指數型基金現在是深受聰明投資人愛戴的基金，目前占據美國市場的整體投資資產 29％，穆迪投資人服務公司（Moody's Investors Service）推測，到了 2024 年，指數型基金會因為這些原因超越一半市場控股。[2] 若說指數型基金是我和馬克目前的投資主力，應該也不意外吧。因為指數型基金根本不用我們動腦，不須東挑西揀適合的股票或共同基金。

## 妥善運用退休金

美國最常見的退休工具就是雇主退休計畫。一般而言，私人營利公司的退休計畫是 401(k)[*]，非營利組織、學校單位、地方政府的計畫則是 403(b) 或 457(b)，聯邦政府機構的叫作聯邦公務員計畫（thrift savings plan，簡稱 TSP）。這些退休計畫的規則幾乎如出一轍，本書中統一稱呼 401(k) 和稅收優惠退休計畫。

無論是哪一種，員工都可從稅前薪資預扣一部分所得稅，也就是算進所得稅之前的收入金額（但不是預扣美國老年醫療

---

[*] 401K 跟台灣的勞退基金類似，每月提撥薪資 2%～15% 的錢到退休金帳戶，可自定提撥比例。台灣的勞退基金由政府代操投資，但 401K 可以自選投資標的轉投資。文中提到的 457(b) 和 403(b) 可並存。

保險和社會福利稅之前的金額），至於這筆稅前薪資，則根據員工投票選出的投資證券公司用於投資。由於這筆錢是納稅前的薪資，所以你只需要在退休提領時，繳納這筆資金的所得稅即可。

除了能降低 401(k) 供款當年的應稅收入，帶來稅收利益，雇主贊助退休計畫最大的好處是雇主通常會以配比回饋員工供款。在大多計畫下，只要員工為退休計畫供款 6%，雇主便會撥予員工 3%。這個好康放著不撈，等於自動放棄這筆資金及投資計畫的必然報酬。2019 年，401(k) 退休計畫的員工供款上限是 1 萬 9 千美元，逾五十歲者則是 2 萬 5 千美元（每隔幾年就增加一次），如果你獲得雇主回饋的配比補助，總額更高。

有些雇主贊助的員工退休計畫會提供證券經紀公司的帳戶，而這些帳戶都配有低費率基金，有些雇主則不提供。但一般來說，401(k) 計畫有好幾種投資選擇，從一般的股票共同基金到目標期限基金、債券基金都有。管理個人證券戶頭時需要留意收費部分，為 401(k) 計畫挑選投資公司時，也一樣要仔細注意他們承諾的報酬。

離職後，你應該問自己一個問題，思考是否要將基金從雇主帳戶轉存至你的個人退休帳戶（簡稱 IRA），這稱為「滾存」。至於是否應該滾存帳戶資產，雇主計畫的選項和管理費是最大影響因素。雇主贊助退休計畫主要的限制是，你不能在59.5 歲前提出投資資金，否則就等著支付沉重的稅收罰金，不

過關於這點，其實還是有討論空間，第 6 章會講到。

## 規劃退休帳戶

　　如果你是自雇者，例如：獨資經營者、顧問或獨立合約員工，那你就符合資格，可以開設獨立 401(k) 退休計畫帳戶。其實這很類似雇主贊助的 401(k) 退休計畫，一樣要從稅前收入撥出一筆資金，並只在退休提取時繳納這筆款項的所得稅。和雇主贊助的 401(k) 計畫相同，員工供款也有年度限額（2019 年是 1 萬 9 千美元，逾五十歲者可達 2 萬 5 千美元）。

　　但和雇主贊助的 401(k) 計畫不同的是，由於你是自雇者，所以你得為獨立 401(k) 計畫投入高達勞動所得 25% 的「雇主供款」（不包括股息、資本利得、租屋收入等非勞動所得）。2019 年，你以「雇主」和「員工」身分投入的總資金不得超過 5 萬 6 千元（逾五十歲者是 6 萬 2 千美元）。

　　如果你是自雇者，同時也是受雇員工，可能會同時擁有雇主贊助計畫和獨立 401(k) 退休計畫，然而這兩個帳戶加總起來的員工供款額，不得超過目前的年度限額（2019 年是 1 萬 9 千美元，逾五十歲者是 2 萬 5 千美元）。

## 個人退休帳戶（IRA）

　　IRA 有個特色很類似雇主贊助的退休計畫，那就是你出資的每一分錢，都被認定為稅前收入，因此計算你當年應該支付

的稅額時，這筆供款並不包括在你的應稅所得，等到退休提領分配額時，你才需要支付稅金。然而正如其名，由於你是個人管理退休帳戶，所以是否要跟你感興趣、提供低費率基金的證券公司開設帳戶，決定權在你。

2019 年，回補條款下的 IRA 供款限額是 6 千美元，逾五十歲者是 7 千美元，不過，若你個人的修改調整後總收入逾 6 萬4 千美元，夫妻合計逾 10 萬 3 千美元，那你可能只能交撥出部分稅前供款。個人總收入逾 7 萬 4 千美元、夫妻逾 12 萬 3 千美元的話，你就不符合 IRA 的稅前供款資格。與 401(k) 計畫一樣，IRA 的供款限額每隔一段期間會提高，所得限額也會隨著時間往上遞增。另外，和雇主贊助計畫一樣，59.5 歲前提撥分配額的話，就得繳納罰金，但 IRA 也有避免罰金的方法，這一點待第 6 章再談。

## 羅斯 IRA

羅斯 IRA 屬於個人退休帳戶，不過供款模式不大一樣，屬於稅後資金，所以供款當年不可讓你減免所得稅。好處是你的供款金額和收益在 59.5 歲後便可免稅提出，而且無論何時都能免稅免罰金提撥供款額。另一個優點是，你不會面臨其他退休帳戶的問題，要求最晚在 70.5 歲開始提撥最低金額，如果你的目標是辭世後將稅收優惠存款傳給他人，羅斯 IRA 是唯一不會要求你在某個時間點就得開始提撥的退休工具，因此你可以原

封不動將稅收優惠存款傳給下一個人。

　　2018 年，羅斯 IRA 的供款限額和傳統個人退休帳戶一樣：2019 年是 6 千美元，年逾五十歲者則是 7 千美元，然而供款的收入限制明顯提高許多。如果你個人修改調整後總收入逾 12 萬 2 千美元，夫妻逾 18 萬 3 千美元，可能只能出部分金額。個人所得逾 13 萬 7 千美元者，或夫妻逾 20 萬 3 千美元者，便完全不得參與羅斯 IRA 計畫。

## 配偶 IRA

　　如果你有配偶，對方沒有收入，你可以多開一個稅收優惠帳戶。如果你是以已婚合併申報者身分申報稅金，有收入的配偶就可為沒有收入的另一半供款，供款上限和收入限制和傳統 IRA 及羅斯 IRA 一樣，所以你可在一年內同時供款至配偶傳統 IRA 和羅斯 IRA 帳戶。如果家庭主婦或主夫在家經營事業或副業，也可如上述，開設個人退休帳戶或獨立 401(k) 帳戶，提撥四分之一勞動所得當作供款，2019 年的供款收入上限是每年 5 萬 6 千美元。

## 機器人投資顧問

　　近年來有一個人氣上漲的投資法寶，那就是機器人投資顧問，與其雇請所費不貲的人類分析師，不如找運用技術演算法的投資證券經理人，而機器人投資顧問會根據你的理財目標

（長期成長、股息等）和時間軸，平衡調整你的投資組合。建
立投資帳戶後，你什麼都不用做，機器人投資顧問便可幫你達
到市場配對，亦或賺入優於市場表現的收益。這種投資機器人
讓每月自動投資變得易如反掌，並運用高科技資料面板，提供
五花八門的情報。很多機器人投資顧問公司聲稱他們的收費低
於標準共同基金經理人，但費率其實遠遠超過個人投資指數型
基金的費用。

　　除了收費普遍高於指數型基金，機器人投資顧問還會自行
更改你的投資策略、增收費用，而你可能看不太出來，所以你
需要主動改掉機器人修改的設定，不要讓它幫你隨便變動投資
策略。畢竟機器人投資顧問的用意是讓使用者更方便，讓你不
用思考投資組合，所以它們並不會拿變更細節打擾你。這麼說
倒也很合理，只是對你來說這些改變不見得是最好的。機器人
投資顧問還有一個值得三思的缺點，那就是它們經常調整平衡
投資組合，而這可能會增加稅收的機率，同時搞亂你的稅金和
醫療保健計畫。雖然機器人投資顧問的優點顯而易見，可是指
數型基金投資策略其實也沒有那麼困難，還可以幫你省錢。

## 健康儲蓄帳戶（HSA）

　　雖然名為儲蓄帳戶，但是對提早退休和傳統退休者來說，
HSA 是非常優秀的投資利器，因為 HSA 既是儲蓄帳戶，也是
投資帳戶，你可以根據帳戶提供者供應的選擇，決定撥款。可

負擔健保法案（ACA）列出一項條款，雇主可提供高自付額的健保方案，讓員工依照健保規定選購類似計畫，然後開設可攜帶至新制的投資 HSA 帳號，用戶可以開始儲蓄，為日後龐大的醫療保健費用做準備。雖然 HSA 用戶可享有優渥的減稅優惠，不過 HSA 也有嚴重缺點。

　　HAS 是一種罕見的投資工具，優點是它總共提供三種稅金優惠：若帳戶供款金額是個人儲蓄，計算所得稅時可享有免稅，若是從員工薪資扣除，就是稅前資金，入帳利息不需繳稅，帳戶主人亦可免稅提取，支付資格符合的醫療項目。即使換了工作，HSA 也能夠續存，理論上是可續存一生，因此聽起來應該是最適合為人生後期儲蓄保健經費的好方法，只不過 HSA 有一大缺點。為了達到申請 HSA 的資格，你必須報名高自付額健保，意思是除非你達到減免標準，否則保險公司不會幫你負擔一毛錢的醫療保健費用，家庭計畫的自付額通常最高可到一年 1 萬美元。如果你覺得需要自掏腰包 1 萬美元，外加一筆共付額，保險才可生效，不是那麼吸引人，那麼 HSA 可能不適合你。

　　分析顯示，多數人從傳統合理自付額的健保獲得的福利會比較好，但前提是你要有可以挑選的計畫。HSA 計畫最適合的對象可能是年輕健康的人，他們的金錢流量充足，可以自掏腰包支付共付額和自付額，再加上雇主每年至少為你的 HSA 負擔 1 千美元。然而經濟研究指出，對其他人來說，經濟研究顯

示，高額醫療費用以及許多人選擇跳過不納入的保健項目，會犧牲掉 HSA 的稅金福利。大英國協基金（Commonwealth Fund）研究顯示，選擇高自付額計畫的人捨不得投資必要的保健項目，這是因為高自付額的門檻太高。更糟糕的是，因為高自付額的心理障礙作梗，整整三分之一的高自付額計畫用戶，甚至沒有 ACA 授權的免費預防性服務。為了一小筆減稅利益白白犧牲你的健康，實在不值得，所以在挑選提供 HSA 的高自付額計畫前請三思。

當然，要是 HSA 高自付額計畫是雇主唯一給得了的計畫，無論如何都接受吧。如果可以，請盡量善用 HSA 的好處，不要忽視預防性保健。

## 出租房地產

不管是獨立產權公寓、公寓大樓，還是獨棟住宅，投資出租房地產可能是實現脫離工作限制的捷徑，因為你不需要存太多現金才能賺到充足的魔術收入，也不用靠被動收入養活自己。反過來說，出租房地產要透過負債經營，直接說法就是背債。大多房地產投資人都背負房屋貸款，仔細評估房屋售價和當地出租市場後，確定收取租金可以抵過房貸、稅金、保險、所得稅、修繕費，最後還賺得到一點錢，也就是大家常說的正現金流，這筆投資才能成立。

想當一個成功的出租房地產投資人，你必須有一顆強大心

臟，可以長期從容面對債務，要是你有好幾戶房屋，可能債台
高築，此外你還得願意四處奔波，親自瞭解欲投資地段的當地
市場行情。若你是裝修達人更好，這樣修繕就不用尋求外人，
好好當個包租公就好。然而，這些都不是必備條件。

　　除了能快速利用出租房地產提前退休（比起靠股票和債券
能更快累積到餘生不愁吃穿的資產），還有其他好處像是不用
只在自己居住區域買房屋，你可以投資條件對房東有利的市場
（房屋售價較低、租金較高）。另外，要是你願意將部分收益付
給不動產經理人，委託對方幫你處理雜務，就不用事必躬親。
除了背債可能讓人輾轉難眠，這種投資法還有其他缺點。

　　急需現金時，你不能立刻變現資產，還得面對房客的難
題，譬如對方可能破壞你的房屋或不準時交租，更可能面臨舊
房客搬走後找不到新房客的窘境，這種情況在所難免，全要你
自己概括承受。而生計牢牢牽繫的是投資地段的經濟健康，而
不是較為多元的全國和全球經濟。如果你哪天打算脫手房屋，
過去五年內卻至少有兩年不住在屋子裡，就需要繳房屋增值的
資本利得稅。

　　如果出租房地產是你有興趣的投資道路，那我有個好消息
要告訴你。你可以和我們一樣，買一戶出租房屋，或者要是計
算過之後發現划得來，可以在搬家後將原屋出租。若是有必
要，可從租金裡抽佣，找不動產經理人幫忙管理房屋。專業房
地產投資人常常使用名為「資本化率」的利率，與淨年所得

（從收租金額扣除所有花費，像是修繕、保險、稅金，但不包括房貸）相除，藉此決定房地產是否值得出租。

在空屋率極低的搶手地段，投資人通常認為 4% 的資本化率是尚可接受的數字，但目標通常鎖定在接近 10%，甚至超過這個數字。假設你用 25 萬美元買下出租房屋，你會希望扣除費用後，每年至少淨賺 1 萬美元。在計算出租公式時，有必要現實考量一下，房屋大概可收多少租金、相關費用總額，參考 1% 規則也是不錯的方法。所謂的 1% 是指你每月收取的租金至少應該是初始投資總額（房屋售價加上裝潢費用）的 1%。有太多出租房地產的投資菜鳥都忘了算進所得稅。

如果你為某公司工作，你入袋的出租所得每一分錢還會遭收最高邊際稅率，到底會是正現金流還是負現金流，全由稅金決定，所以說稅金也是一個錢坑。但話說回來，如果出租房地產的風險沒有嚇唬到你，你願意乖乖做功課，在想投資的地段找到高價值房產，租金當然可能是脫離工作限制的最佳捷徑，而這條捷徑也值得你考慮。

查德‧卡森在二十歲初時，僅用名下 1 千美元的資本創業，他發現不斷東奔西跑讓他疲憊不堪，忍不住開始懷疑，他賺的錢是否足以供養他未來渴望建立的家庭，或者是否讓他不用再為錢操煩。這時，出租房地產投資的想法浮現腦海，他找到了他最有興趣的財務獨立之路。他存到一筆錢，足以負擔平價房屋的頭期款，也就是普通的社區大樓或基本的獨棟住宅。

接著，查德持續累積收租的現金流，買下另一戶房屋，並且很快地在三十歲初累積到幾十戶的房地產組合。

現在光是收租所得就夠負擔他本人、妻子及兩個孩子的生活費。查德一家人的生活簡約，日常開銷不大，由於備有現金，加上房屋租金所得全額遠遠超過房貸及修繕費，因此房貸債務不至於讓他們輾轉難眠，即使房子暫時空著租不出去，他們也老神在在。近來查德才剛和家人在厄瓜多度了一年的假，目前正規劃繼續享受他剛入袋的財務自由，四處遊山玩水。

## 不動產投資信託（REIT）

如果你想從出租房地產獲利，卻不希望獨自背負全部風險，也不想親自管理房產，你還有一個選擇，那就是投資不動產投資信託。REIT 是代替投資人管理房地產的投資公司，這類公司通常管理大規模的出租房地產，像是公寓、購物中心、辦公大樓，投資人則根據公司利潤轉取股息。你可以買大型證券交易所的 REIT 股份，或是購入投資多家 REIT 的房地產共同基金股份。正如同其他投資模式，你還是得做足功課，以保障管理費沒有超支、你所購買的 REIT 沒有投資跳水的資產，例如：購物中心的租客全跑光光，壽終正寢。

## 退休撫卹

雖然退休撫卹不是投資，但若你是少數幾個幸運兒，享有

確定給付的退休撫卹，那麼這也可以是一項魔術收入利器。若這正好符合你的情況，你就有大好機會提早退休。多數退休撫卹都是看服務時間，而不是年齡。因此你可能服務滿二十年就符合退休撫卹福利的資格，可能那時你還不到五十歲。儘管如此，近年來許多政府和民間企業都調降了退休撫卹金，退休人士的健保和福利費用卻攀升得比通貨膨脹快，所以你應該把退休撫卹當成魔術收入的一項工具，而不是唯一。你一定要同時擁有其他魔術收入工具，才不會哪天醒來發現退休撫卹遭砍，而你已沒有其他退路。

黛爾諾拉・羅伊德和丈夫維斯在二十多歲於軍中相遇，現在有三個年幼孩子。之後維斯離開部隊，投身民間企業，黛爾諾拉則繼續在軍中擔任癌症治療醫師。雖然她的待遇不比私人診所的薪資，但到了 45 歲，她就有資格爭取退休撫卹和醫療保健福利，屆時便可和丈夫同時退休。由於她熱愛自己的工作，這份工作對她意義深遠，黛爾諾拉希望從軍中退役後，每年繼續工作幾次，擔任臨時代理醫師，填補其他休假醫師的位置。至於要何時工作、如何進行，全看她個人意願。到時他們全家人就會有許多相處時間，而他們也可以趁孩子還小，多多陪伴他們。

## 社會福利

社會福利是相當錯綜複雜的主題，光是社會福利這個項目

就可以寫成一本書。由於這可能是傳統退休生活的部分魔術收入來源，因此值得提出探討。社會福利十分接近政府的確定給付計畫，確保人人在晚年都有基本所得。政府會先幫你儲存職業生涯的部分所得，所以你支付的越多，回收就越高，不過當然也有合理上限。雖然一直有人警告，社會福利信託基金已在財務沙漠邊緣，但對現今多數工作人來說，無法從社會福利獲得回收的機率幾同於零。

關於美國的社會福利，以下有幾個必要記住的關鍵事實：對 1960 年後出生的人來說，「完全退休年齡」是 67 歲。雖然你可以在 62 歲那年就申請福利，但福利可能會大幅損失。然而要是你耐著性子，每多等待社會福利一年，就等於支出總額增加 8%，這可是任何投資都給不出的報酬率，所以大多數的人都會盡可能延後申請時間，65 歲前靠其他魔術收入來源養活自己。

取收入最高 35 年，得出平均數值，這就是你會獲得的社會福利金。而你從社會福利局收到、反映出預計福利金的結算單，該數字主要根據一個假設：即使你無法工作到 67 歲，至少會工作到 62 歲。然而，對於提早退休人士或半退休人士來說，狀況格外棘手，讓他們不知道怎麼計算未來可能收到的福利金，畢竟 35 年的平均數值裡，可能有好幾年是零收入。

如果你考慮超早退休，譬如二十歲末或三十歲初，請記得一件事。如果你希望自己符合社會福利金的資格，就得累積到

40 點，對多數受薪員工而言，這等於是 10 年的全職工作量，無論是傳統或自雇都算在內。要是太早退休的話，你可能很難累積到這 40 點，以致將來無法爭取到社會福利金。即使你在退休後，魔術收入不間斷，然而這類所得大多都不算勞動所得，因此無法以社會福利點數的形式累計。無法幫你累積社會福利金點數的非勞動所得，包括：資本利得、出租所得、儲蓄利息、IRA 或 401(k) 退保金、私人年金、有薪假或病假支出、獎金、延期支付。簡單來講，幾乎是所有被動性所得來源。

雖然社會福利金可能縮水，尤其是高所得人群，為了延長該制度的償付能力，稍微粗估瞭解你的獲利範圍很有幫助。儘管沒有最低福利限制，投入資金近乎為零的人，獲得的收益也幾乎是零。2016 年來到完全退休年齡的人，每月平均福利金是 1,340 美元，高收入人群的最高福利金限制則是 2,640 美元，稅前的年度總額低於 3 萬 2 千美元。

在美國大多地區，這筆錢根本不夠你過活，加上美國老年醫療保險（Medicare）的費用後更是不夠花（第 5 章詳談），因此社會福利不應該是你退休後的主要收入來源。如果你想要謹慎一點，甚至可以不把社會福利算在退休計畫內，這就是我和馬克的做法，要是哪天真收到這筆福利金，就當作是意外之財吧。再不然你可以將目前一半的平均福利金算進去，全看你預定還會支付社會福利制度幾年。

## 529 高等教育儲蓄基金

　　雖然把大學儲蓄基金列為提早退休的投資工具有點奇怪，但要是你是家長或正在撫養孩子，並且計劃未來負擔孩子的大學教育費，那麼為了這個原因儲蓄，就是達到不被工作綁住的人生理財計畫一大要素。529 計畫是稅收優惠、國家贊助兼具的學費儲蓄計畫，如果你有意負擔自己或親人的全額或部分教育費用，投資 529 高等教育儲蓄基金就是合理選擇，不過當然不是絕對必要。

　　類似 HSA 或羅斯 IRA，529 儲蓄基金的增長複利不用納稅，你可以免稅提領並支付高等教育費用，例如：學費、宿舍租金、教科書、研究所費用。至於是否應該申請 529 儲蓄計畫，全看你住在美國哪個州。多數州政府不給儲蓄人選擇投資的方式，有些州立計畫甚至收取高到難以置信的管理費用，因而大大抵消了減稅福利。有些州針對 529 計畫，提供供款稅金減免，有些州則不這麼做，但絕對不是聯邦稅款減免。

　　除此之外，若你的孩子長大後決定不就讀大學，而你想拿回這筆錢，只有一個辦法，那就是支付收益稅金，另外還要繳 10％的罰金。最後，計算貸款時，529 基金算是家長的非退休資產，可能會被當作一個孩子的全額貸款，雖然這筆錢事實上可能是準備分給好幾個不同孩子，因此最後收到的貸款會少於個人退休帳戶裡的儲蓄基金，而你可能不得不將基金全額花在第一個上大學的孩子身上，其他孩子則分不到一杯羹。如果你

不認為自己符合學貸條件，也確定孩子一定會上大學，529 計畫就很適合你，只要你居住的州提供的 529 計畫不是限制重重、收費嚇人就好。

## 被動創業投資

　　如果你天生富有開創力或創業精神，可能會想自己開業，創造源源不絕的魔術收入錢潮。你唯一的限制就是想像力，但真正理想的被動創業投資幾乎不需要你管理，否則即使你是為了自己打拼，到頭來不是和工作沒兩樣嗎？我們有個朋友就是被動創業投資的好典範，他一手打造的事業幾乎不需要他出力，就能餵飽他的肚皮。他創辦了一間網路公司，販售客製化沙包。除了挑選工廠、讓公司運轉，他唯一真正要做的工作，就是定期檢查網站是否正常運作、訂單是否如期交付。但真正的「工作」都有人代勞。他承包的工廠接下訂單，開始製作產品，然後送到買家手上。他只需要貢獻點子、草創公司，就能翹著腳坐收被動所得，相信未來幾年創投財富會繼續滾動。

　　等到你走過事業草創階段，理想的被動創業投資幾乎不需要你貢獻時間，因為你可能是外包勞工到一間不需要你直接管理的公司工作，也可能是創造出一個顧客使用、卻不需要你貢獻勞力的工具，例如：製作一份可供消費者在線上購買或使用的軟體。或者是打造一個可以轉賣給他人的公司，再用這筆利潤資助其他獲利工具。

**補充投資的儲蓄工具**

　　每一份人生計畫都應該要有現金保障，以備臨時缺錢的不時之需，譬如可以當作應急基金、支付新家頭期款的儲蓄，再來就是你的退休金保障。以上這些投資利器都有機會以超越通貨膨脹率的速度增長，意思是當你進行上述投資，你的消費能力也會與日俱增。這也是魔術收入或被動所得投資組合的用意。然而使用正確的現金儲蓄工具也很重要，這樣你就不用出售股票，或在你想動用基金時遭到稅金徵收，況且要是當下的市場低迷，想必你更不想這麼做。你應該考慮納入工具箱的儲蓄工具包括：

### 高利息儲蓄帳戶

　　高利息儲蓄帳戶多半是網路銀行提供的服務，利率多半優於一般銀行的儲蓄帳戶，這類帳戶亦能保障美國聯邦儲蓄保險利益。除了主要帳戶外，可以到銀行開一個較不易取款的高利息儲蓄帳戶，並把應急基金存在這個帳戶。領出資金的障礙越多，你就越難在非必要的時刻動用這筆錢。初始存入金額盡量不要低於 2 千美元，接著提高至 3 ～ 6 個月的必要開支。最後，在接近可以提前退休時，帳戶裡會存到 2 ～ 3 年的生活費，要是股市嚴重低迷，你就有緩衝資金，也不必急著出售股份。如果你存錢是為了購入不動產後再出租，高利息儲蓄帳戶就是你

儲存頭期款和備用現金的好所在。若未來幾年可能需要動用一
筆錢，切勿將這筆錢拿來投資股票，並以現金形式儲存。

## 「世事難料」儲蓄帳戶

　　這是蘇絲‧歐曼（Suze Orman）發明的名詞，該儲蓄帳戶
則是為了因應低於緊急事件級別的意外開支。你可以考慮在一
般銀行開立這個儲蓄帳戶，除了另一個銀行裡的應急基金全
額，請盡量在這個儲蓄帳戶存到幾千美元。要是你的愛車需要
維修，或你臨時需要搭機參加葬禮時，便可挪用這筆資金，而
你也不須動用預算或減損你的應急基金。這個帳戶還有一個附
加好處，那就是幫你培養出不碰應急基金的好習慣，除非是真
正的緊急狀況，例如：失業、無法避免的昂貴醫療照護，或是
住家遭逢天災。

## 捐贈人服務基金（DAF）

　　如果慈善捐款對你很重要，即使退休後你也想持續下去，
那麼你可以考慮成立捐贈人服務基金。DAF 就像是債券經紀帳
戶和個人小型慈善基金會的合體。供款至屬於你的 DAF 時，你
也可享供款當年度的公益稅金減免，你可以自行控管基金，將
供款基金無限期投入你選擇的公益組織。從稅務角度出發，當
你把錢存進 DAF，就等於捐出這筆錢，雖然錢再也拿不回來，
但你保有基金使用和捐款流向的掌控權。

自 2017 年起，稅制改革法律提高退稅的標準扣除額，如今列舉扣除額的申報門檻變高，公益捐款也屬於其中一項。所以你可以分批供款至 DAF，幾乎年年申報標準扣除額，但每隔兩、三年多存一點錢、列舉扣除更大筆的 DAF 供款額。全新的 DAF 供款可以套用這個循環，即使後面幾年因為稅金的關係、停止慈善供款，仍可動用你已存入 DAF 的基金。

你可以和我們一樣，在達到退休目標數字後、停止工作前的那一年，於 DAF 裡存入一大筆款項，這樣一來，稅級可能最高的這一年，就能享有大規模稅款減免。退休後 DAF 可以讓你持續慈善捐款一段時間，也不需要你動用退休生活費，可說是讓你一生延續慈善事業的好方法。富達投信和嘉信理財是初始供款要求最低、收費也最低的 DAF 選擇，先鋒等機構亦提供 DAF 服務。

 **別上當！該避開的不良投資工具**

儲蓄方法百百種，理財專家會告訴你哪些是必備或優良投資工具，但這些卻可能是不良投資，不應該出現在你的工具箱裡。理財專員最喜歡推薦的兩項投資工具，分別是年金和現金價值壽險。他們專門推銷這兩種，是因為賣出這些產品，專員就能從中抽取高額回扣，而不是因為這兩樣投資理財工具對顧客有好處。

## 年金

　　年金是向保險公司購買的契約，擔保每月可從投資金額賺取一定的發放額。年金的穩定性很吸引人，姑且不論市場狀況，年金承諾買家穩賺不賠，但天下沒有白吃的午餐。大多年金都需要支付龐大管理費，而這筆管理費會蠶食鯨吞你的收益。由於年金發放額是固定的，所以大型市場裡受益的一方不是你，是保險公司。除了可以當作 59.5 歲前免罰金提領 IRA 資金的方法，否則大多理財專家不推薦年金。但話說回來，若想要領回這筆資金，還是有比年金更符合經濟效益的方法。

## 現金價值壽險

　　現金價值壽險通常別稱終身壽險或萬能壽險，保險經紀人和抽佣金維生的理財專員很喜歡推薦這種保險，因為他們可以從中獲得非常高的回扣。由於保證現金價值可以提領或借出，對許多消費者也極具吸引力。不過這種壽險的管理費相當高，投保人在保單期限內繳交的費用遠超過保單價值，更是遠遠超過保單的現金價值。在此稍微解釋一下，你就瞭解意思了。為了達到相當的承保範圍，你通常要支付超過定期壽險 8 倍的現金價值，所以說購買定期壽險反而較有利可圖（關於這點，第 9 章會詳述），然後把剩下來的錢投資魔術收入組合。如果你已經有一張終身壽險單或萬能壽險單，可以考慮領出目前累積的現金價值，把這筆錢用在高收益投資，然後取消整張保單。

**瞄準簡單又不黏手的投資**

　　我們已經看過所有可用來支撐退休生活的投資工具，現在可以開始思考哪一種法寶最適合你。關於公司提供的 401(k) 帳戶和你個人額外的應稅投資，你可能會希望專心投資指數型基金。你可能偏好找幾戶住屋，整修裝潢一番，然後當作出租房屋管理，全心全力投資出租房地產。或者可能你想要什麼都來一點，例如：投資一些指數型基金，再投資一些股息股票、一套出租房屋，為了孩子的教育經費申請一份 529，再為未來健保開支開一個健康儲蓄帳戶。投資方法沒有絕對的對與錯，全看你個人的想法與傾向而定。再不然你可以用最簡單的方式投資，這樣就不用花太多心思，也不必擔心股票市場走向。

　　指數型基金並不是莫名其妙走紅，這是因為指數型基金收費最低，又能自動提供多元投資，因此投資人可長期獲得市場利益，並避免常常需要管理的基金收費吞掉你的收益。當日沖銷或挑選個人股等較為刺激的投資法，會讓你忍不住時常查看股票，刺激你做出情緒化的衝動決定，例如：一看到股市暴跌就脫手股份，或是股市飆漲時買入股份。如果你想要的是最輕鬆簡單的投資法，選指數型基金就對了。

　　**最理想的做法是自動定期投資你選擇的工具，設定每個月一、兩次。你的目標是長期投資，不管市場走向都要定期投資，不用本人經手，接著開始靠魔術收入投資來源養活自己。**

　　至於要投資哪一方面，全要看你個人，要是能選擇一、兩個多元股票型基金或是一、兩個多元債券型基金，你就所向無敵。理財專家和提前退休人士的心頭好包括先鋒全股市指數型基金（VTSMX 或 VTSAX）和全債券市場指數型基金（VBMFX 或 VBTLX）、富達斯巴達 500 基金的 S&P 500 指數型基金，或是其他費率超低的指數型基金。由於這類基金已投資各式各樣的股票和債券市場，你不用擔心挑選混搭的問題，也已經隔絕風險，讓你的投資組合有機會成長。買下這種基金等於什麼都有了：涵括大小公司、有潛力長期大幅成長的股票、可帶來龐大股息的股票、你持有股票的公司不動產控股。

　　如果你已在提供低費率指數型基金的大型債券經紀公司建立帳戶，現在只須為你選擇的股票和債券指數型基金設定每月或隔週自動投資。如果你尚未申辦帳戶，可以選擇先鋒、富達、USAA、嘉信理財、普信等金融機構，這些公司提供五花八門的低費率指數型基金，提供的最低投資額也符合你個人的現狀。例如：最受 DIY 投資人歡迎的先鋒費率最低，大多共同基金的最低投資額是 3 千美元，而不管是哪一支指數型基金，餘額達到 1 萬美元前，先鋒都會收取較高的管理費，有人形容這是從投資人股升為海軍上將股。

　　如果你是投資新手，也許資本不足，可以先選擇嘉信理財等公司，每月只要 100 美元購買該公司的自動投資計畫，就能開始投資指數型基金。如果你是 USAA 會員，他們會提供類似

計畫，讓你先從每月 50 美元上下的金額，開始投資一組新手基金。等到你的帳戶成長，達到其他經紀公司的最低投資要求，就能開始做功課，看看是否值得將投資移往費率較低的機構。

　　要是出租房地產是你最感興趣的提前退休工具，請翻閱本書的「補充資源」部分。房地產投資是一種非常專業的投資法，需要考量更多因素，請多運用可以助你起步的有用資源。

## 投資檢查清單

☐ 好好做功課，瞭解你或另一半的雇主提供的投資選擇。

☐ 開始游刃有餘地為雇主計畫供款。若有這項福利，供款金額最好足以獲得完整的雇主支持配比。

☐ 選擇供款至雇主計畫中費率最低的股票和債券型基金。

☐ 決定你希望將哪種投資工具當作主力：雇主計畫、低費率的指數型基金、積極管理的共同基金、個別股票和債券、股息股票、出租房地產、被動創投，或是綜合以上幾種。

☐ 選擇一間證券經紀公司，設定自動投資。

☐ 依需求開設全新儲蓄帳戶。

## 在台灣想提早退休，你該知道這些事

根據勞基法第 53 條，勞工若達到以下條件之一，可向公司申請退休：

1. 工作 15 年以上，年滿 55 歲者。

2. 工作 25 年以上者。

3. 工作 10 年以上，年滿 60 歲者。

目前，政府為勞工提供了兩項退休福利：社會保險（勞保老年給付與國民年金）、勞工退休金（每月提撥不低於月薪 6% 的金額到退休金帳戶，員工可自願另外提撥最高不超過月薪 6% 的退休金，為退休金再加碼。

勞退新制的勞工退休金給付方式：

1. 年滿 60 歲，工作累計年資滿 15 年以上者，可以選擇月領或一次領。

2. 年滿 60 歲，工作累計年資未滿 15 年者，應請領一次退休金。

3. 勞工於請領退休金前死亡者，應由其遺屬或指定請領人，請領一次退休金。

勞保局有提供簡易試算網頁（https://www.bli.gov.tw/0014040.html），方便國人計算自己的勞保年金。

※ 減給老年年金：保險年資合計滿 15 年，未達年金給付請領年齡而提前請領者，最多可提前 5 年，但每提前 1 年要按給付金額減給 4%，最多提前 5 年減給 20%。

※ 展延老年年金：符合年金給付請領條件而延後請領者，每延後 1 年按給付金額增給 4%，最多增給 20%。

# 第 5 章
# 規劃住家和醫療保健，
# 無後顧之憂

千金錢難買健康，健康卻可能是一個彌足珍貴的儲蓄帳戶。

——安・韋爾森・雪佛（Anne Wilson Schaef），

作家、講師、教師

　　雖然不被工作綁住的人生規劃一開始可能讓人望之卻步，但好消息是一旦你清楚掌握自己的未來財務，很快就能感到安心。現在你踏上長期財務安全的道路，讓你渾身充滿能量。尤其是知道自己備好人生兩大必備品「房子和醫療保健」，你就可以向財務焦慮說掰掰，而這種輕鬆自在的感受，多數人無福體會。

 **擋風遮雨的屋簷**

　　想到房子時，你可以盡量做白日夢。如果不必擔心是否找得到工作，你最想住在世界哪個角落？這裡我們要回顧第 2 章

的問題集，並且放大你的夢想，天馬行空想像所有傳統和非傳統的居住空間。正如同打造魔術收入計畫，關於居住環境，你這一生也有許多選項，而且每一個人生階段可能都不同。一開始工作時，大多數的人都是先從租屋開始，接著有些人開始買一套房（或是兩、三套，經年累月下來累積更多套），而有不少人到了人生後期都選擇小房子。

　　正在朝非傳統型態人生努力的人可能放寬選項，內心思忖著的不是該租屋或買房，而是要不要定居。越來越多提前退休者選擇退休後過著居無定所的生活，不是全天候住在露營車，就是踏上全職旅行人生，反而把租金或房貸用在飯店和 Airbnb 房間。

　　雖然沒有絕對的對與錯，但我會建議理財計畫應該預留用錢空間，這樣一來，你還可以改變心意。假設你辭去工作，開始當起 24 小時的露營車族，一年後決定住回房子。要是財源不斷湧進，你就負擔得起某個地段的房租，而不是必須咬牙苦撐度日，生活也會快活很多。除了日後可能改變主意外，若你住在每天要爬梯才能上床的小房子，晚年要是生病或行動不便，只怕這種居住空間也行不通。除了當下的計畫，你也要規劃良善的住房願景，如此一來，若你有其他興趣想法，或是日後行動不便，你還有打造新計畫的彈性。

　　在 Part 1 問到，你希望脫離工作限制後的自己住在哪裡，現在回到這一個人生願景。你想像的地點是現址，還是其他地

方？若是現址，這是你目前的家嗎？還是另一個家？或許是小一點的家？壓低住房預算是省錢最快速有效的方法，所以你也許現在已經挑選較小的房子，好加快實現不被工作綁住的人生。或許你夢想中的家根本不是一個固定的所在，而是遊牧民族般的漂泊人生。

我們先討論將目標設為固定居所的情況，這一直也是我和馬克的選擇。我們喜歡遊山玩水、戶外露營，卻也喜歡結束後可以回到最熟悉的家。雖然我們不見得會永遠住在太浩湖畔，但目前能夠住在這裡，我們真的覺得很幸運，也甘願捨棄租屋帶給我們的彈性。對我們來說，擁有一個家是正確抉擇，但不是人人都跟我們一樣。

幾十年來的傳統觀念都告訴我們，買房比租屋好。很多人說租屋等於「資金一去不回」，但這觀念不正確，畢竟擁有住家還是需要付出代價，屋主很可能無法回收房屋價值，資本也長期不得動彈，不能輕易挪用。另外，要背負好幾年房貸，買家才能有明顯回收房屋淨值。2018 年的資料顯示，在美國將近一半的郡裡，長期來看租屋比買房划算：64％的美國人口都住在租金比房價更划算的地點。[1] 當然這一點將來可能改變，2008 年全球金融危機後，我們就發現那幾年買房比租屋便宜，然而買房絕對比較好的古老傳統觀點，值得我們深入審視。

究竟該買還是該租，這絕對不是單純的數學問題，而是攸關個人條件的問題，另外亦有許多變數，例如：當地市場動

向、哪種房屋較適合你、你對一個所在是否眷戀、是否希望自己打理裝潢空間、是否願意綁住資源、是否願意為了支付頭期款而存錢，而不是為了另一個目標（比方說提前退休）儲蓄。現在就讓我們來看不同選項的優缺點。

要是你擁有自己的家，背了 15 年或 30 年期的固定利率房貸，你知道確切需要多久才能付清房價。你的房地產稅、保險、水電瓦斯帳單還可能漲價，但這些都不讓你訝異。如果你在這個家住得夠久，有一天可能清償房貸，再也不用繳房貸，過著節儉生活。而要是居住期間房價上漲，你決定出售房屋，便可坐收這筆意外之財，這就是為何有這麼多熱血擁戴置產的人會說買房是一種「投資」。雖然近年來全新上路的稅制新法，限制了聯邦所得退稅和州立地方房地產稅的房貸利息抵稅額度，但買房還是有稅務好處，至於利益多少，就要看你的收入和稅率。

擁有自己的家對於穩定心神的要素也會造成影響：你知道自己可以隨心所欲改裝房屋，而且只要繼續繳房貸和房地產稅，就不會有人踢你走。但有一個缺點，那就是無論是自己來還是找人代勞，你都得自行負擔修繕費用。多數人都低估了擁屋的代價，得知修繕費時都不禁大吃一驚，尤其是剛買房的頭幾年。你可能會發現想要搬家時，卻無法以好價格出售，最後動彈不得。

但話說回來，租屋不能累積淨值，無法任意改裝房屋，享

受不到抵稅。你的租金也可能無預警上漲，全視當地的租金管制規定而定。但對大多數的人來說，租屋比買房划算，也不用一大筆錢全壓在房屋投資上，更不必自己面對修繕問題。研究顯示，要是你將本來要買房的錢謹慎投資於市場，與租屋價格一比，還是可能比買房的人有賺頭，因為股市的長期收益往往高於房市。當然這只是一個假設，說到底還是要看市場的長期脈動，還有你是否真的把不繳房貸的錢拿去投資，而不是花個精光。

至於該買還是該租，這個選擇的確很複雜，但比較過優缺點後，最後還是得聽聽你自己內心的聲音。你可能多少知道其中一種做法比較適當，這樣已經足夠，接下來通常只剩下你重視的問題：確實知道住房的預算，或是保持彈性，資產流動、想搬去哪裡就搬去哪裡。

如果你下定決心買房，下一個要做的決定就是該不該提早付清房貸，尤其是趁提前退休前達成這個目標。你的房子越便宜，儲蓄的所得就越多。如果你選擇買小屋，而不是銀行告訴你其實也可以貸款的豪宅，你就有機會提早付清房貸。究竟應該怎麼做？

我和馬克在 2011 年買下坐落於太浩湖畔的房子，當時正好是 2008 年全球金融危機結束的低潮期，房地產市場跌落谷底。儘管銀行告訴我們，他們很樂意開出更高的貸款額度，但我們還是堅持最初預算，買下一棟售價低於中間值的房子，並簽了

一份 15 年的房貸合約。也不是說豪宅一點也不吸引我們，尤其是發現每個月只需要多繳 200 美元而已……落入這種想法很容易，但我們決定買低於銀行額度的小房子，並不是因為我們擅長理財，而是出於恐懼心理。2008 年全球金融危機重挫美國，我們眼睜睜看著朋友失去房子，因虧損不得不出售房屋而信用破產，遭到革職後好幾年找不到穩定工作。基於這一點，我們決定房貸不能太高，好讓我們繳房貸的同時，即使只靠一個人的薪水度日，尚有處理其他生活必需開銷的餘裕。

當時我們將遙不可及的提前退休想法定為 10 年計畫，決定要在 10 年內付完房貸。但隨著情況日漸明朗，得知可能不用 10 年就可退休時，我們必須做出一個決定，那就是我們是否應該提早付清房貸，或是把多出來的資金投資在其他方面，慢慢繳清房貸？

這兩個立場的擁護者各自持有強烈論點：挺「別提前付清」的陣營會提醒你，傳統來說，股市收益高於房貸利率，高過我們在 2010 年代親眼目睹的 3% ～ 4%。對這一派人來說，不急著付清房貸是顯而易見的選擇，畢竟對他們來說，這等於為了貪圖房貸繳清的清爽，而拱手讓出可能入袋的高收益。「趁早繳清」的支持陣營則強調三個字：可能性。那關鍵幾年內，市場很可能不會達到平均報酬率，所以提前清償房貸反而比較吃香。然而姑且不論利率，他們都說早日償還房貸可獲得保證報酬率，而且很可能比任何保證報酬率高。

　　但對我們兩人來說，最後決定真的單純是跟著感覺走。在理財世界裡，我絕對屬於規避風險型。一想到無論我們對理財多麼一竅不通，只要百分百擁有屬於自己的家，仍然有遮風避雨的庇護所，我就能睡得香甜。付清房貸後，市場若是暴跌或者停滯，我們可以省吃儉用一段時間，鞏固我們提前退休理財計畫的安穩。對我們來說，答案顯而易見，不過跟其他狀況一樣，這個選擇可能不適合你，長遠來看就連對我們自己來說，可能也不是那麼適合。如果老了之後我們決定不想再忍受冷冽冬天，想要搬到較低海拔地區，到時很可能又回到支付房租的生活，而不是買第二棟房子，這樣就不會跳入修繕房屋或附加費用的圈套。所以說，現在適合自己不代表永遠適用。

　　說到永遠，規劃住家環境時還有一件值得考量的要素：目前的住家格局或許適合你，但要是情況改變，只怕不太適合。我們會在下一個部分講到醫療保健，但其中一項和住房脫不了關係的就是美國老年醫療保險，這套專為 65 歲成年人設計的聯邦健康保險計畫，不過這一套計畫所提供的特殊照護範圍有限，若你需要搬進護理之家，或是在康復中心待一陣子，就得大手筆自掏腰包。不過，美國老年醫療保險提供優質的居家保健，尋求相關的居家護理服務時，自費也不貴。

　　我大力推薦替自己保留財務彈性，人生後面幾年可住在家裡，在規劃完善的空間裡養老。要是住在家裡，若有需要可以把居家改成輪椅友善空間。若你決定提前退休那幾年要在露營

車或小房子裡度過，也可規劃配套措施和預備資金，未來就可以運用這筆錢，搬進可以安穩養老的居家空間生活。

##  維持高品質的醫療保健

如果你不認為健康是人生最重要的資產，我勸你馬上改掉這個觀念。你夢想中不被工作綁住的人生，無非就是擁有強健體魄，有能力好好享受人生，去做除了工作外你最想做的事。現代人越來越長壽，但是品質優良的人生年數卻下降，對於渴望退休人生可以長久、健康、好玩的人來說，這無疑是一種令人困擾的趨勢。**永久的健康不是只要你個人努力維持，吃得健康、多多運動就好，也需要不間斷的優質醫療保健**，但這在美國卻不是所有人民都享有的權利。幸好，實現不被工作綁住的人生會讓壓力降低，提早退休者也有更多時間，可以運動、煮煮健康料理，增加延年益壽的機率。對於提前退休者，現在的選擇比幾年前好，沒有健康保險的人也可以找公司買保險。

美國是少數幾個唯一長久將健康保險和工作劃上等號的國家。這種制度很詭異，讓雇主決定員工可以挑選的保險計畫、保險金額等，但偏偏這就是美國的健保制度。直到這幾年，這套制度都讓提前退休和各種類型的免工作生活非常辛苦，要是低於美國老年醫療保險規定合格的 65 歲，就幾乎無法享有個人健康保險。

　　別稱歐巴馬健保（Obamacare）的可負擔健保法案（ACA）問世後，美國健保總算撥雲見日，創造出人民可直接向保險公司購買保險的個人市場，而非只能透過雇主或天價收費的保險經紀人，才能享受到保險服務。ACA 的問世也讓幾乎所有類型的預防性健保服務變成全面免費。直到 26 歲前，孩子皆可享受父母名下的保險，ACA 也摒棄了將個人病史列為排除納保條件的老規定。雖然 ACA 通過後飽受政治質疑，但大多醫療保健專家都認為 ACA 會以某種形式持續下去。這對提前退休者更是一大福音，今後他們再也不用擔心一旦脫離傳統定義的工作，就保不住健康保險。

　　我和馬克都有個人病史，他患有自我免疫疾病，我則是遺傳疾病。多虧有 ACA，我們才能購買保險，獲得需要的醫療保健，這也是我們可以安心提早急流勇退的主因。要是 ACA 不存在，雖然我們還是存到一樣的資金，卻很可能為了保有健康保險的保障，持續辛苦工作一輩子。幸好現在提前退休和健康保險之間已經沒有障礙，所以達成財務目標後，不會有人阻擋你退休。

　　跟魔術收入和買房等其他理財計畫一樣，健保也有得選，而且會隨著人生進展變化。無論你選的是哪一種健保，都請你務必把健保當作必備品，而不是可有可無。不分個人病史、人人皆可納保的構想深受選民歡迎，但是未來規定仍有變數，已經落實的規定亦可撤消。至於有保險銜接情況的人，保險公司

也可能拒絕為他們負擔個人病史的醫療費用。此外，儘管現今
享受 ACA 好處的人史無前例的多，醫療帳單仍是人們破產的
主因，即使是有健康保險的人也是。請把長期全面性健康保險
當作個人理財計畫不容妥協的基礎。

## 統一綜合預算調節法（COBRA）

如果你是透過雇主享有健康保險，那麼雇主就有法律義務
提供為期 18 個月的 COBRA 保險。COBRA 的保險範圍和你
的工作健康保險一樣，差別在雇主不會為 COBRA 提供任何補
助，也就是說這種保險往往所費不貲。一般來說，雇主計畫會
涵蓋 82% 醫療費用，和其他可行計畫相比，健保涵括範圍算相
當高。如果你離職後選擇 COBRA，可能就得全額支付這種坑
錢的保險。所以決定接受 COBRA 前，請先衡量其他可行的健
保方案價格，其他健保方案可能反而比較便宜。

## 健保方案

ACA 通過上路後，美國所有州都提供健保方案，若非
Healthcare.gov 聯邦健保政府計畫，就是個別州立計畫。健保方
案別稱歐巴馬計畫，跟其他常見的私人健康保險十分相似，卻
擁有幾項顯著特色。為了方便消費者比較計畫方案，ACA 以層
級分類計畫。銅級計畫涵蓋 60% 費用，銀級計畫是 70%，黃
金級計畫涵蓋 80%，白金級則為 90%。大多購買健康保險單

的人都會選擇涵蓋 70%醫療費用的銀級計畫，要是前雇主方案典型涵蓋 82%的費用，在轉至 ACA 計畫後，你可能會發現多出不少需要自理的醫療費。此外，為了節省經費，ACA 方案制度的專員硬生生少了 40%，而名單上的初級保健醫師很多現在都已不再增收病患。所以請務必事前做好功課，確保你選擇的新方案還有可供你選擇的執業醫師。

我和馬克從工作保險換成 ACA 保險時，將工作保險的藍十字和藍盾，換到同一個網絡的健保方案，當時我們還以為醫師名單和原本保險相同，結果大錯特錯。新計畫提供的醫師選擇變少，所有醫療項目的共付額變高，醫藥價格抬高，自付額也是。我們雖然很感恩自己還有健保，但這一點卻狠狠敲醒了我們。要是你透過健保方案獲得健康納保，就要養成習慣，每年都要在開放申請期間自行精心挑選保單，並且檢查醫師名單是否變動、共付額和免賠額是否不同，還有最重要的就是自費上限額度。ACA 規定所有計畫都必須有自費上限額度，一旦過了這個門檻，他們就必須負擔你所有醫療費用，而這個數字就是你最壞的情況下必須自付的費用。

挑選健保方案時，自費上限應該是最值得考量的要素，因為要是你或家人生病抑或發生意外，你很可能要負擔這筆費用。如果支付上限全額可能讓你當年預算大失血，可以考慮選擇每月收費稍高、自費上限較低的方案。

ACA 計畫對提前退休者幫助不少的第二大特點，就是對我

們來說，ACA 計畫真的可說是最接近「可負擔」的保險。儘管
ACA 保費年年上漲，漲幅卻遠遠低於非健保方案，對每個需要
健保方案的人來說是美事一樁。再說保費是依照收入計算，所
以對許多提前退休的人來說保費並不高（不是依照個人資產計
算保費，這種算法最後往往會變得很貴）。這個條件惹來不少
民怨，但話說回來，儘管民眾不贊成高淨值客戶接受補貼，並
用這筆補貼支付健康保險，但兩方人馬並無特別動作，並未示
意希望修改這一條法律。長久以來，美國都有這類單依所得基
準調整，而不是依照資產調整的計畫，這正是所得調查，不是
資產調查。因此即便他們獲得的補貼資金持續受到威脅，保費
和補貼計算方式卻不太可能即刻變更。

　　若想稍微瞭解 ACA 計畫的費用，請上 Healthcare.gov 網站
或是州立健保網站，輸入你的居住地、家庭規模、年齡、工作
終止後額外所得（請記得，如果你打算以 150 美元的價格脫手
1 股買價 100 美元的股票，50 美元才算收入）。健保保費和津
貼是根據修改調整後總收入（MAGI）的數字計算得來，而這
個數字不算在退稅裡。基本上，MAGI 就是以收入總額扣除合
格退休計畫的減稅額，例如：401(k) 和 IRA 帳戶，以及你支付
的贍養費、可從應稅所得扣除的學生貸款利息。如果你獲得社
會福利殘障保險（SSDI 或 SSI），那這筆錢也要算進去。

　　請注意，你的 MAGI 之所以高於應稅所得，是因為沒算進
IRS 標準扣除額或任何列舉扣除額。輸入你估算的 MAGI 後，

比較當地地區的計畫方案，瞭解保險涵蓋範圍和費用，並且點選進去查看，確定哪個醫師在哪個網絡。這些數字可能每一年都會稍微變動，因此親自瞭解狀況，可以讓你斟酌得出最初預算。先大致瞭解你必須支出的健保自費費用，到了第 7 章客製化你個人的路線圖時，就能派上用場。

我和馬克在退休前的幾年持續觀察，以我們預測提前退休時間的所得範圍，查看同年齡層夫妻檔支付的加州州立健保方案費用，並且根據每年變動的費率，調整我們推測的未來預算。當初我們以為最基本的銀級藍十字 HMO 計畫方案已經綽綽有餘，然而等到我們實際申請登記時，馬克正在服用一種每月要價 1 千美元的藥。如果我們真的選擇本來鎖定的方案，光他的醫藥費每月就高達 300 美元。但要是我們選擇藍盾 PPO 計畫，藥物涵蓋範圍較寬。雖然 PPO 的收費每個月比 HMO 多出 250 美元，但馬克的醫藥費卻直直降到每月 15 美元，我們的整體自費上限額度和好幾項共付額也跟著降低。這是非常重要的一課，教我們不要單看保費，反而應該認真研究計畫細節，確定你選擇的健康保險最適合個人特殊情況和醫療保健需求。

## 管理式照護計畫

在大都會區等國內某些地區，你或許可以直接透過凱薩醫療機構（Kaiser Permanente）等醫院，直接購買管理式照護計畫。這類計畫的功能類似傳統健康保險，一樣有保費、共付

額、自付額,不過你往往只能看網絡裡的醫師。想要轉診至專科醫師前,必須先諮詢你的初級保健醫師。這類計畫的收費和ACA 健保方案大同小異,但要是你居住的地區有良好的管理式照護計畫,就值得好好研究一番,看看以你的特殊情況來看,哪種選擇比較划算。

## 教會醫療保健分享計畫

教會醫療保健分享計畫其實不算保險,而是一種支持宗教信仰成員的制度,通常是基督教徒。教會利用集資募款,幫助教友支付幾千美元自付額外的健保費用。這一類計畫比 ACA 健保方案便宜很多,不過有幾個重要的注意事項:這種計畫往往需要牧師簽核,確認你的教會會員身分,而且不允許抽菸喝酒的行為,也不輔助教會認定不符合道德規範的活動費用,像是酒駕受傷等情況。

由於這種計畫不算保險,所以不包括個人病史相關的照護。分享計畫也沒有法規或單位監督,教會付不出會員的醫療帳單時,包括蒙大拿州和肯塔基州在內的好幾州都曾試圖關閉教會。如果你年輕健康、符合教會會員資格,頭幾年教會醫療保健分享計畫可能很適合你,但請務必做好功課,研究你想要申請的機構,確定對方沒有不能如期付款的紀錄。

## 保健旅遊

　　美國的保健費用持續飆漲，世界各地的醫師和設施則張開雙臂，歡迎美國人和其他西方人為了省錢，預定醫療療程。雖然車禍意外發生，可能無法立刻飛往印度來場緊急手術，但要是需要髖關節換置術，可以搜尋提供保健觀光服務的各國。這些國家的醫療設施都很先進，醫護人員的專業程度也完全不輸美國，所以這一類保健服務安全無虞，收費更只是美國醫療系統的九牛一毛，甚至低於保險理賠後的費用。提前退休者多的是時間和到處走動的自由，可以在飛回家之前慢慢休養，因此得以享受保健旅遊的特殊待遇，一般在職員工就不得不動用個人的病假和假期。

　　有一種試用保健旅遊的完美方法，那就是先飛到墨西哥、泰國、台灣等國家，或幾乎隨便一個東歐國家安排洗牙。洗牙費用只要幾塊美元，你可以自行判斷是否想將醫療和牙齒保健活動結合海外旅遊。對於緊急醫療照護或慢性疾病來說，保健旅遊或許不是理想的解決方案，卻是補充美國境內醫療保健的實惠方案，更可提前安排計畫治療。

　　傑瑞米‧賈可伯森和台籍妻子曾琬鈴在三十多歲退休後，起心動念當起全職遊牧民族，他們偶爾在曾琬鈴的家鄉台灣長住。旅行過程中，他們在世界各地嘗試保健照護和牙醫服務，曾在墨西哥看醫生和牙醫、試過馬來西亞的緊急醫療服務、進過葡萄牙的急診室、在台灣接受一連串預約診療、在義大利享

受追蹤照護。以他們個人的經驗來說,他們覺得自己享受到現代醫療設施的優良照護,卻只須支付美國醫療費用的九牛一毛,就能得到同樣水準的照護。

## 三級照護／退伍軍人健康保險

曾經在軍隊服役的人享受的健保選擇遠遠優於多數美國人,當然這都是他們應得的福利(真心感謝這群人為國服務)。三級照護和退伍軍人健康保險等軍事和前軍事保健是美國最便宜的醫療保健之一。雖然每間退伍軍人醫療中心的醫療保健品質可能不大相同,但醫療照護和處方藥通常都很便宜。如果你計畫提前從軍隊退役,可以考慮計算一下離職時間,至少撐到符合終身保健福利及退休撫卹的時候才退役。光是醫療保健省下的錢,多工作一、兩年也值回票價。

## 美國老年醫療保險(Medicare)

跟社會福利一樣,美國老年醫療保險是一種錯綜複雜的主題,甚至連許多使用者都無法全盤瞭解,市面上還有專門探討此議題的書。而最主要的重點,就是每位年滿 65 歲的美國人都可享有這項福利(他們寄通知信來的時候,千萬別錯過申請日期,否則後患無窮),但不是樣樣都保。看到 ACA 健保方案費用時,很容易這麼荒謬地推想:噢,老年醫療保險啟用的那天快來吧,到時我就不用煩惱了!不過,納保對象在年滿 65

歲乃至過世前，仍得承擔逾 25 萬美元。

對大多數的人而言，老年醫療保險涵蓋 60％醫療費用，其他則須自理。舉個例子說明。2016 年，美國人收到的社會福利津貼，逾四分之一都拿來支付老年醫療保險並未涵蓋的醫療帳單。老年醫療保險不負擔處方藥或門診的全額，A 部分承擔住院費全額，B 和 D 部分則負擔醫師和藥物費用，不過保費每月仍可能高達幾百美元。儘管有其缺點，這仍是保障年滿 65 歲成年人的健康保險，也不排除有個人病史的病患。想到老了至少有涵蓋部分範圍的健康保險，就令人覺得寬心不少。其中一種未來使用老年醫療保險的算法，就是不要將社會福利所得算進你預期的傳統退休生活，並將你收到的社會福利所得，當作醫療保健支出的緩衝經費。

對美國大多提前退休者和半退休者而言，初次醫療保健選擇會在 65 歲前降臨。除非你享有條件更優的退伍軍人健保，或是待遇慷慨的雇主退休方案，否則老年醫療保險就是你的預設健保。在進入下一個規劃階段時，請將這些選擇列入考慮。

## 住宿和醫療保健檢查清單

□ 決定是否要為了提早存到足夠資金，改變目前居住環境。

□ 決定你提前退休的居住模式。

□ 草擬一個傳統退休或備用的住家計畫，以備不時之需。

□ 確定你現在就有適合自己的健康保險。

□ 如果你有高自付額計畫，請開一個健康儲蓄帳戶，將可以存
的錢存在這裡。

□ 根據目前的保健方案，計算未來可能需要的醫療保健支出，
好加入理財規劃。

# 第 6 章
# 左右儲蓄金額的要素

人一生中與其做錯一堆事，不如好好把幾件事情做對。
　　──巴菲特（Warren Buffett），投資家、企業家、慈善家

　　在這個階段，某些願景可能讓你熱血沸騰，充滿幹勁，讓你想更瞭解房地產投資。或者你可能愛上半退休願景，只不過還不太確定要怎麼將大框架的概念發展成具體的理財計畫。別怕！我們將在本章帶你瞭解其他打造計畫的決定。請把這一章想像成上路前的汽車外殼和機械零件製造，下一章就可以加滿油上路。

　　本章會提醒你幾個重點，但用意並不是要嚇唬你，只是根據理性推斷和實際風險分析，幫你確認理財計畫無懈可擊。對於提前退休，你可能遭遇到事前沒有規劃的風險，若現在體悟到將來可能面臨的嚴峻考驗，並且算進每一個潛在陷阱，就能打造出讓你高枕無憂的堅實計畫。這就好比確認汽車裝好安全帶和安全氣囊，要是知道你駕駛上路的車安全無虞，想必就會信心大增。

你腦海中想像的提前退休模式，則會告訴你開車的路線方向。現在，回顧幾個你可以鎖定的不同版本：完全提前退休，利用魔術滾錢工具賺取再也不需要工作的資金；半退休，存到一筆足以負擔傳統退休儲蓄的錢，再決定你打算使用魔術收入及繼續工作的收入，負擔多少提前退休的開銷；事業中斷，你存到一筆可以暫時不工作的錢，即使暫停工作，也不會破壞長遠的財務健全。

 ## 你的理財人生階段

先不管你夢想中不被工作綁住的人生是哪一種，從現階段開始，你的理財人生主要分為三大階段：

### 一、財富累積階段

儲蓄投資的階段，工作仍是你的日常。你賺得越多、花得越少，財富累積階段就越短。如果你的目標是事業中斷好幾回，這一步驟恐怕會重複數次。

### 二、提前退休階段

你實現了不被工作綁住的夢想，無論是完全提前退休、半退休或事業中斷。

### 三、傳統退休階段

　　這是六十或七十多歲的階段，你的工作量減少，甚至完全停止工作，所得和醫療保健來源可能改變。

　　至於你需要為了第二和三階段儲蓄多少錢、要採用哪種儲蓄工具，全要視兩大要素而定：你瞄準的是哪一種提前退休，以及脫離工作限制後的開銷。開銷越低，你需要的儲蓄就越少，也能越快抵達目的地。另外還要思考每個投資工具要存多少錢，比方說，提領 401(k) 和傳統 IRA 帳戶資金的時間和方式會有所限制，所以你應該思考，稅收優惠退休帳戶和應稅經紀帳戶的一般指數型基金，應該分別投資多少。思考這幾個階段的財務未來，同時你也需要決定是否該把不被工作綁住的人生分成一個或兩個階段：


　　1. 規劃兩段式退休，準備兩筆不同投資和所得來源：(1) 資助你提前退休的應稅投資、出租房地產、被動創投事業的魔術滾錢資金。(2) 資助傳統退休的稅收優惠退休帳戶和社會福利。

　　2. 將提前和傳統退休設為同一階段。在財富累積階段，盡可能利用稅收優惠帳戶存錢，例如：提高 401(k) 和 IRA 帳戶的供款，再運用合法稅務策略，年滿 59.5 歲前提領這筆錢，等於只預備一大筆資金。


　　至於選擇哪一種方法，要看你的出發點。例如：你可能已

經存了一大筆稅收優惠退休基金，但或許你會覺得不要立刻動
用這筆錢，留到傳統退休的後期人生再用，會比較安心。我和
馬克決定的是第一種做法，也就是兩段式退休，即使知道提前
退休的那幾年可能意外超支，至少不用擔心。就算日後需要
錢，卻到了已經不便外出工作的年紀時，我們還有尚未動用的
稅收優惠退休帳戶，財庫安穩無虞。要是 75 歲時才發現我們存
的錢不夠用，卻為時已晚，這才是我最恐懼的惡夢。就像我們
選擇提前付清房貸，選擇兩段式退休不是因為我們很懂理財，
而是出於恐懼。

　　我們心知肚明彼此對外食與旅行的熱愛，可能一個不當心
就花過頭，預算超支。為了運用優勢，同時面對自身弱點，我
們策劃了兩段式計畫，確保到老都還有資金可用。就我們的例
子來說，我們也為了傳統退休存了一大筆退休基金，這樣就能
偶爾揮霍，住住高級飯店、到外面用餐。即使未來可能碰到高
額醫療保健和長期看護的情況，我們的準備也萬無一失。不過
為了落實這個計畫架構，提前退休的頭幾年，我們過著縮衣節
食的生活，更為了替未來多儲備一點緩衝金，雖然其實不需
要，但我們還是刻意多工作一至兩年。

　　如果你知道自己偏向避險型，首要任務就是財務安穩，那
麼設定為兩段式退休便可獲得你渴望的安穩。要是朝一個稍有
變數的計畫前進嚇不倒你，你想盡快達成不被工作綁住的夢
想，就鎖定一個階段式退休。伴侶意見不同並非罕見狀況，所

以務必確認對方同意你的想法。若有疑慮，稍微保守一點不會
有壞處。最糟頂多是不小心存太多錢，倘若不在人世，可以把
這一大筆錢捐贈給你最關注的慈善事業，再不然留給子孫。不
過即使需要再拚久一點，我還是會選擇儲蓄過剩，而不是成天
操心錢不夠用。但是，選擇權當然還是在你。

##  如何動用傳統退休基金

　　若想決定是否將退休定為兩段式或單一階段，事先瞭解提
前合法提領稅收優惠帳戶資金的規定，會很有幫助（使用這兩
種方法提款前，請先諮詢稅務律師，請對方幫忙評估個人計
畫，確定你符合 IRS 現階段的要求，畢竟有時條件會更動。從
許多方面來看，提前退休計畫確實有讓人發揮創意的空間，但
講到美國國稅局，恐怕不容許你發揮創意）。如果這些方法讓
你覺得過於複雜或頭暈腦脹，也不需要照著做。若是如此，可
以按照我和馬克的做法，瞄準兩段式退休計畫，分別存入兩筆
資金，或是準備兩種魔術收入來源。若你覺得單一階段的做法
較好，最好先瞭解你有哪些提前領款的選擇。

　　美國現行的稅收優惠退休帳戶，一般提款規定相同，但有
幾個例外：59.5 歲前，在一般情況下儲戶不得碰這筆錢，若是
硬要提領，也就是所謂的提前支取，除了本來就需要繳納的一
般所得稅，你還得交出 10% 的罰款。罰款本意是讓民眾不會太

早就透支退休儲蓄，其實是立意良善的政策，畢竟大多人對退休毫無準備，而國家不希望老年人在人生後期為錢所苦。這就是稅收福利的最初用意，也是為何會有罰款規定。重點是鼓勵儲蓄，並鼓勵儲戶在退休前不碰這筆錢。

有幾種可以提前領款的方法，這方法叫作合格支取，其中幾種不禁讓人冒冷汗：永遠殘疾者可提領資金，支付高到嚇死人並且可扣除稅金的醫療帳單；年滿 55 歲後，利用公司贊助的 401(k) 帳戶，但僅限提領 401(k) 的資金；不然就是用這筆錢繳付孩子的養育費或贍養費。除了以上情況，大多雇主計畫於在職期間內都無法先行提款。

除了這些規定，要是你願意咬緊牙關，還有兩種方法可讓提前退休者在 59.5 歲前領出稅收優惠帳戶的資金。如果你已經在稅收優惠的傳統退休帳戶存到一大筆提前退休基金，這可能就是你最快脫離工作限制的好方法。若是採用這兩種提前提款的方法，你從稅前資金的儲蓄帳戶提款時，該納稅年就得繳納一筆所得稅，這點請牢記在心。

## 定期等量提款

第一個選擇就是 IRS 72T 規定的定期等量提款（SEPP），不分年齡皆可使用，每年從稅收優惠帳戶提撥資金，前提是每年要繼續繳款，至少要繳到 59.5 歲。請利用三種 IRS 認證的試算法得出支付金額，這三種算法都會先預設壽命，並且預設你

到臨終前皆收到退款。為了讓你粗略明白要如何運用試算法，在此稍微說明一下。假設你 50 歲開始定期等量提款，IRS 會認定你大概還有 34 年壽命，所以你每年提領的稅收優惠資金大約會是總額的三十四分之一，或者低於總額的 3%。

　　提領的實際金額還是要依你使用的試算法而定，譬如同樣是 50 歲開始提領，使用最低限額支取法的話，它就會指定提撥初始投資組合餘額的 1%。要是採用分期償還法，就會將現行的聯邦基金利息套用在你的初始投資組合餘額，決定你每年需要提領的金額，就這樣持續提領到 IRS 推斷的人生終點，帳戶清空為止。還有一種是年金試算法，這種方法更複雜了。以上試算法可能讓人一頭霧水，所以**在定期等量提款前，最好先諮詢稅務律師，以確保你選擇的試算法對你的情況最有利，並且正確套用**。

　　定期等量提款是最快提領退休基金的方法，但也有缺點。第一，一旦開始提領，你就不能停止提款，也不能依照個人需求每年更改提領金額，例如：你希望所得低於某個所得稅門檻，或是出於健保保費等目的。第二，除非你已年滿 59.5 歲，否則可能至少 5 年內無法改變支取金額的試算法（雖然 IRS 能讓你改變一次試算法，但上限就是一次，之後不能再停止新試算法套用後的支取金額）。第三，要是你改變的話，過去已提前提取的資金會遭到回溯，每年追加 10% 的罰款。但有一個好處，那就是你不用每個退休帳戶都套用 SEPP。如果你有 401(k)

和另一個 IRA 帳戶，而你想要避免所得超出預期，可以其中一個帳戶套用 SEPP，其他帳戶的基金不碰。想要多瞭解計算 SEPP 支取金額的方法，請見「補充資源」部分，更仔細計算金額。

## 羅斯轉存

第二種提早提領稅收優惠基金的方法，就是善用羅斯 IRA 的特殊規定。由於羅斯帳戶裡的存款是稅後資金，所以對提前退休者而言好處特別多。所有羅斯帳戶裡的供款都已經課稅，因此要是在 59.5 歲前提領存款，不需要繳納 10％的罰金或是額外的所得稅，而且無論何時皆可合法提款。然而這個好處只能套用在供款額，供款賺入的收益並不算在內，至於這筆收益，則和其他稅收優惠帳戶的規則一樣，除非年滿 59.5 歲，否則若是提前領款，一樣得繳罰金。

要是你事前規劃完善，財富累積階段就在羅斯帳戶裡存入一大筆金額，提前退休時供款餘額可能充分，可以立即開始提款，收益則放著繼續利滾利、成長到 59.5 歲那年，接著就能免稅提領。

但我的意思不是說，只要你落在所得限制內，並且可以直接供款，那麼趁你還在工作時將羅斯帳戶內的存款金額提高至上限，絕對就是最好的做法（有個法律漏洞：後門羅斯供款，也就是先在傳統 IRA 帳戶裡投資稅後資金，再將該帳戶轉至羅

斯帳戶，間接供款。這是超過所得限制者可鑽的法律漏洞）。

由於羅斯帳戶的儲蓄是稅後資金，因此供款時不會減稅，唯獨之後支取供款額和收益才可享免稅。所以除非你現在正值極低稅率級次，否則你先在 401(k) 和傳統 IRA 帳戶裡將儲蓄提高到上限，對你可能較有好處。而在你供款時，這兩種帳戶都會幫你降低所得稅。要是你存在這兩個帳戶的金額達到上限，只要轉至羅斯帳戶，便可繼續存錢。

但要是你已經到了可以提前退休的時候，羅斯帳戶裡卻所剩無幾，你還有一個提前提取稅收優惠資金的選擇，那就是善用羅斯轉存的規定。你可以將 401(k) 或 IRA 等稅前退休帳戶的資金轉入羅斯帳戶，然後在該納稅年繳納該筆金額的所得稅。只要你不是用轉換資金，繳納這筆轉換資金的應繳所得稅，而且符合一項條文規定：提取出來的轉換資金必須已先存在羅斯帳戶 5 年，否則將面臨 10%的罰款（除非你甘願支付罰款，否則所有收益都必須在帳戶內存到 59.5 歲）。

每年將小額資金轉換過去是很聰明的做法，這樣就不會一不小心就跨進高稅率級次。不過，每年好幾次轉換帳戶資金，5 年後不用繳罰款就能支取這筆錢，可以說是提前領出退休資金的好方法。跟 SEPP 不同，羅斯轉存並無規定你一定要繼續轉換或支取供款額。你可以今年轉換一筆錢，隔年不轉，過一年後再轉換，甚至可以完全停止。只要某一筆資金轉換滿 5 年期限，你就可以提領（支取）一次，也可以繼續存放在帳戶裡

生利息，尤其要是市場低迷，你不想被賠損的循環拖累，這不失是個好方法。

羅斯轉存法的等待期恐怕是最大障礙，儘管如此，羅斯轉存法的彈性大勝 SEPP，所以還是很好用的方法。正在考慮或已完成羅斯轉存的人請聽好：2017 年稅制改革法已廢除先前的「重新定位」規定，因此現在只要你完成羅斯轉存，就再也無法逆轉，也不能將錢轉回傳統的 IRA。

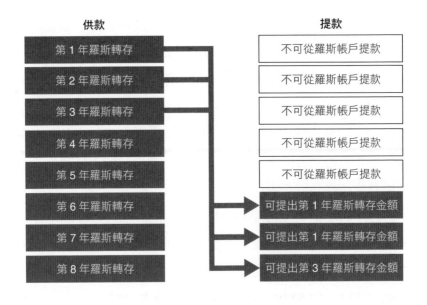

| 供款 | 提款 |
|---|---|
| 第 1 年羅斯轉存 | 不可從羅斯帳戶提款 |
| 第 2 年羅斯轉存 | 不可從羅斯帳戶提款 |
| 第 3 年羅斯轉存 | 不可從羅斯帳戶提款 |
| 第 4 年羅斯轉存 | 不可從羅斯帳戶提款 |
| 第 5 年羅斯轉存 | 不可從羅斯帳戶提款 |
| 第 6 年羅斯轉存 | 可提出第 1 年羅斯轉存金額 |
| 第 7 年羅斯轉存 | 可提出第 1 年羅斯轉存金額 |
| 第 8 年羅斯轉存 | 可提出第 3 年羅斯轉存金額 |

請記得，某些資金轉至羅斯帳戶，並不代表你在 5 年後或任何時間點就得花掉這筆錢。如果你的稅率級次和健保保費清理結算內尚有空間，只要每年轉換一小筆金額，既可減

輕未來的稅務責任，也可避免 70.5 歲被迫強制執行最低提款
（RMD），接著只需要在人生後期幾年讓這筆錢慢慢生息滾
利。除了羅斯帳戶外，所有稅收優惠退休帳戶都強制要求你在
70.5 歲起執行最低提款。

　　如果你希望稅收優惠帳戶的資金可以存久一點，那麼開
始在羅斯帳戶裡存錢是聰明做法。但請切記，被迫從 IRA 或
401(k) 帳戶提出金額，並不表示你必須花掉這筆錢，只是要你
支付所得稅而已。你可以馬上將這些強迫提款的金額再投資在
指數型基金、更多房地產，或任何能持續滾錢生利的地方，之
後你只需要繳交這些投資的資本利得稅金。

　　至於其他沒有稅收優惠的魔術收入來源，提領就簡單多
了。股票、債券、共同基金，連同應稅經紀帳戶的指數型基金
在內，提取股息後，只需支付股息的所得稅即可。出售股份時
則只須繳納長期資本利得稅，利率更是低於一般所得稅，但有
一個前提，那就是必須持股滿 12 個月。如果你擁有出租房地
產，收租後只需繳交扣除房貸利息、保險、修繕費用、房產折
舊後的所得稅，這些數字大多報稅軟體都可計算。以上魔術收
入來源都不必繳稅金罰款，唯獨算是收入的部分須繳交一般所
得稅，比起稅收優惠帳戶，將投資收入轉換成現金流不拖泥帶
水許多。

**認識安全提領率**

　　安排退休的過程會自然而然帶出一個最重要的問題：我究竟需要存多少錢？如果你主要感興趣的是股市投資，就需要逆向操作才能獲得解答。畢竟要決定你需要存多少錢，就得先瞭解每年從目標投資組合提領出多少錢才算安全，而且不會太早就榨乾資本。經濟學家向來很好奇，一般人需要存到多少錢才能安然退休，並確定他們不會提前散盡家產，對此很多老年人都忐忑不安，我完全可以理解。

　　沒人能預知未來，我們不曉得下週股票和債券市場的走向，更別說從現在起算，到了明年或未來幾十載的走勢，所以根本無法肯定要存到多少錢才萬無一失，我們也不敢打包票告訴你，每年可動用多少投資百分比，才不至於榨到一滴不剩。但也有好消息。很多經濟學分析為我們的理財計畫提供穩健的指導方針，教我們觀察過去趨勢，幫退休人士做最壞打算。

　　最著名的安全提領率（SWR）案例研究，就是 1998 年發表的三一研究（Trinity study），該研究設定退休年期是 15 ～ 30 年，投資組合至少含有 50％股票和股票基金。研究作者總結，**剛開始退休時提領總投資組合的 3%～ 4%，然後根據消費者物價指數（CPI）的通貨膨脹率，每年向上調整，應該就可安全過關**，禁得起過去曾發生的長期股市下滑衝擊，退休人士絕不會散盡財富。但這份研究沒有安全過關，依然遭受許多

抨擊聲浪，也有人提出比 3%、4% 更高和更低的安全提領率，也有人建議更仔細觀察當下市場走向，再決定提領方式。然而 3% ～ 4% 卻是很好的起點，至少提供你一個數據，估測自己需要存多少錢。

　　要是把 3% 當作目標安全提領率，那麼完全提前退休的儲蓄目標，就會是你每年期望靠投資賺到的魔術收入的 33 倍，或是年度生活預算總額的 33 倍（其他提前退休的模型可能稍微低一點，第 7 章會深究）。如果把 4% 當作目標安全提領率，你的儲蓄目標就是年度投資賺到之魔術收入的 25 倍。兩個目標間的差異約是年開銷的 8 倍，這筆錢可能不算小。但請記住，大多安全提領率研究計算的都是六十多歲傳統退休人士的所得收益，退休年期頂多是 30 年。

　　然而提前退休的投資年期可能高於傳統退休，因此值得算進這段時間。提前退休者或許要將退休年期鎖定為四十、五十甚至六十年，這段期間可能有許多不可預知的狀況，所以保持謹慎還是比較好。要是你在 50 歲前退休，有些專家會建議將安全提領率換成 3%，55 歲是 3.3%，60 歲的話是 3.5%，65 歲以上退休者則是 4% 以上。

　　要是 35 歲前就退休，當然更應該打保守牌，將安全提領率設為 3% 以下，意思是儲蓄金額是年度開銷的 35 ～ 40 倍，或者選擇半退休，即使偶爾兼差，至少也有小額收入來源，預防投資組合本金遭逢長期風險。其他分析則顯示，**3.5% 的安全**

**提領率是可保障資金不會被榨乾的安全數字，對大多提前退休者很夠用。若是你的設定是這個 SWR，完全提早退休者就要儲蓄年開銷的 29 ～ 30 倍，其他的模型就不需要這麼高。**

股市的平均長期報酬率介於 9％～ 11％，但這要看你追蹤的是哪個指數。至於為何每年從投資組合提領近 9％～ 10％是不安全做法，自然是一個好問題。

以下是四大主因：(1) 你的整體投資組合不能只有股票型基金，還要有債券型基金和現金，以便抵擋股票浮動，而要是股市盪到谷底，還有可出售的股票和可花用的現金。但由於債券收益低於股票，現金的報酬率則幾乎等同於零，因此這兩者都會依據所占比例，折損大型投資組合的平均年度報酬率；(2) 長期平均報酬率會假設你再投資股息，也就是繼續拿股票股份的利潤購買其他股份。由於你需要繳付股息的所得稅，所以把股息當作現金流使用，而不是拿來投資，就退休者來說是較合理的做法，然而這也會減少你的平均年度報酬；(3) 通貨膨脹每年會吞噬一大部分的市場利得，平均介於 2％～ 3％，硬生生削減掉一部分利益。研究顯示，每年股市的實際報酬率平均為6.8％；[3] (4) 報酬順序風險會猝不及防地重創退休，權證是比較保守的儲蓄法。

報酬順序風險通常簡稱順序風險，是指退休初期遭遇股市不利之年的風險，會嚴重折損你的投資組合，乃至無法恢復的地步，最後導致資金散盡。對於財富累積階段和兩段式退休，

計息是相當重要的因素，因此你需要對你有利的計息。退休階段中，要是股市暴跌或長期持續低迷，你不僅得不到正計息的好處，還可能飽受負計息重挫。這是因為你不得不出售的股份數量超過正成長年，讓你永遠跳不出虧損，並致使你已減少的股份成長潛能受到重重限制。

負計息聽起來很可怕，卻是很正常的退休環節，所以不須為了一年負成長驚慌失措。雖然我們可以探討股市的長期平均值，但現實是沒有哪一年的報酬利與平均值相符。儘管蓬勃發展期多於低迷不振的時期，但是過去股市圖表較多屬於參差不齊，而不是直線發展。

大多傳統退休人士會在退休前十年，也就是順序風險的關鍵年期獲得正收益，所以沒有什麼好值得擔心。對他們來說，4％的安全提取率說不上保守。研究顯示，對於退休初期報酬率表現不俗的人而言，先設定初始餘額近7％的安全提取率，接著每年按照通貨膨脹往上調整，是完全合理的做法。但問題是我們一開始都不曉得哪些退休人士的報酬率不錯。你還是得為了退休儲蓄，畢竟我們也不知道退休剛開始那幾年，是否會碰到股市大崩盤或長期經濟蕭條，也就是報酬順序不佳，歷經連續幾年的低報酬，更別說我們不能指望自己是運氣好的那一位，絕對不會碰到惡劣的順序風險。

除此之外，經濟學家卡斯登・傑斯基（Karsten Jeske）發現，提前退休者比傳統退休人士更可能遇到惡劣的報酬順序，

是因為他們通常是以數字設定退休目標，而不是日期。傳統退休人士往往選在特定年齡或退休撫卹的里程碑實現後離職。但是提前退休者卻可能選在牛市尾聲離職，一開始正是股市的正報酬率將他們推向目標數字，接著卻直接進入大蕭條。**所以說為了提前退休的儲蓄數字做好打算時，走保守路線絕對不會吃虧。退休開始得越早，就越要打保守安全牌，這是很合理的避險方法。**

圖表 6.1　S&P 500 年終收益

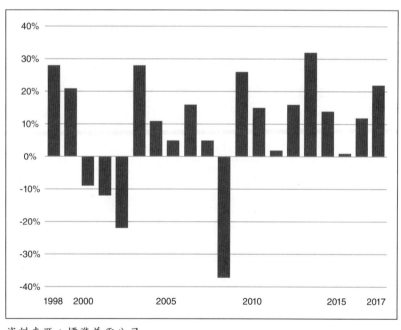

資料來源：標準普爾公司

## 算進通貨膨脹

　　通貨膨脹是另一個你需要算進退休計畫的主要要素。我已經重提無數次，每年通貨膨脹通常是平均 2％～ 3％，意思是大多商品每年都會調漲 2％～ 3％。我之所以不斷重複這個數字，是為了讓你牢牢記住每次計算時，千萬不可忘記算進通貨膨脹，看見不同於財經世界傳言的另一個面向。比方說，若你觀察最常引用的股市指數 —— 道瓊工業平均指數，上一個世紀的絕對（名目）成長圖表起伏非常劇烈，請參考圖表 6.2：

**圖表 6.2　道瓊工業平均指數，名目成長**

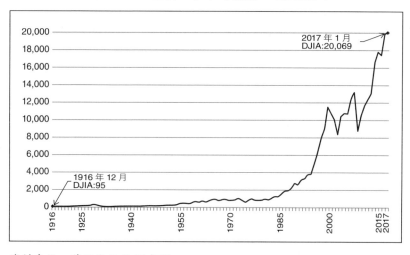

資料來源：華爾街 R 街研究所

　　這張圖表看的其實是絕對價格，絕對價格有時也叫「名

目報酬」。對一般投資人來說，名目報酬是不具實質意義的數字，為什麼？因為今日物價和 1916 年不可同日而語，當時道瓊工業平均指數是 95 點，即使是最大股的公司股票也只要幾美分。我們真正應該注意的是實質報酬，或是通貨膨脹調整後的數字，只有這些數字才能呼應今日或未來的美元價值。上一個世紀，道瓊驚見爆炸性成長，每年通貨膨脹率大約是 3.25％，導致每逢 20 年，物價就雙倍飆漲，光是上一個世紀，通貨膨脹就足足漲了 2,000％以上（1910 年代只需要 1 美元就買得到的商品，現在售價已超過 20 美元）。當你用這種通貨膨脹率調整道瓊工業平均指數，圖表就會出現差異，請參考圖表 6.3：

圖表 6.3　道瓊工業平均指數，實質成長（1916 年定值美元）

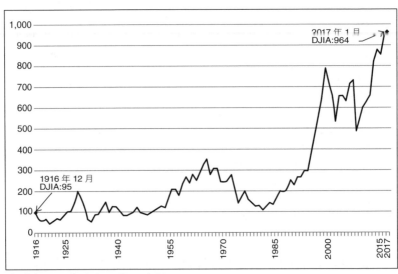

資料來源：華爾街 R 街研究所

　　以 1916 年的美元價值來看，通貨膨脹調整後的平均值，讓道瓊指數變成今日的 1 千點，而不是飆破 2 萬點。當然長期下來還是很可觀，遠遠超過通貨膨脹率。但這是從實質來看的數字，而不是名目，差異遠遠小於典型股市圖表呈現的暴漲。第二張圖表也告訴我們，**要是未來幾年需要用錢，像是買房要繳的頭期款或買車，股市並不適合用來儲存這筆錢，畢竟要好幾年才看得見投資的實質利得。**

　　幸好規劃時有幾個用於調整通貨膨脹的簡單方法，所以你不需要絞盡腦汁。至於何時需要算進通貨膨脹，我會在計畫過程中提醒你，通常看的都是實質報酬，而不是名目報酬。通貨膨脹是無所不在的勢力，足以吞噬每一美元的購買力，但只要你隨時記住算進通貨膨脹，就安然無恙。

 ## 算進夫妻檔的安心指數

　　雖然決定儲蓄金額時有好幾個需要考量的理財要素，但也有情緒層面的考量，尤其當你有伴侶時。朝不被工作綁住的人生努力，奔向不用工作的自由，感覺真的很振奮人心，你可能渾身充滿幹勁，衝向目標，卻忘了多給另一半開口的機會，但是這樣做其實不對。**兩個人對於脫離工作限制的人生理財計畫，大至儲蓄目標，小至日常開支及投資決定，不管是哪一層面，都要盡可能相近。**要是你們達成目標，其中一人卻必須放

棄對他意義重大的事物而懷恨在心,這樣一來,兩人前進的方向不可能積極正面。所以,敞開心房說出自己的感受很重要,討論彼此心目中脫離工作限制後的人生有哪些開銷、理財計畫應該安排的工作量、讓你安心定神的安全提領率、可以從容應對的投資風險。

雙方共同接受這個學習過程,會對你們很有幫助,這是兩人一起成長的機會。打從提前退休計畫的一開始,你們在財務和情緒方面就達到共識,接下來所走的每一步也有共識,你們的關係就可能變得更親密,因為實現提前退休這般重要的人生事件,是強大的催化劑,能讓兩人關係昇華至更高境界。

討論時一定要談到每一方面的願景,像是退休時間、工作減量,或是事業中斷。除非其中一人熱愛自己的工作,無法想像停止工作的那一天,或是必須有一人全天候照顧孩子,否則兩人同時提前退休或是中場休息是最合理的做法。原因之一,即使某一方重獲自由,要是沒有能夠一起旅行的伴侶,可能會對這樣的生活感到了無生趣、漫無目的,而這絕不是展開提前退休的理想方式。再者,仍在埋首苦幹的伴侶很可能會對重獲自由的另一半心生怨懟。研究顯示,退休不同步的伴侶會比同步退休的伴侶更難適應脫離工作限制後的人生,尤其先退休的那個人可能會遭遇社會孤立。[4] 但你們兩人最清楚自身狀況,所以就由你們自行決定何時退休對兩人最好,這對你們的儲蓄金額有哪些影響等。

　　就我們的情況來說，我們很早就知道彼此希望同時退休，然而我們也是經過多次討論，才在退休時間這方面達成共識。馬克長我 3 歲，所以我的工作年份比他短，他心理不平衡是可以理解的。但當我們考慮到不同步退休時，他能自己悠哉雖然很開心，但我不在他身旁，他有時可能感到寂寞，而我也會因為他在外逍遙，我卻得辛苦工作，忍不住滿腹牢騷，所以結論很明顯，同時退休還是最好的決定。

　　除此之外，在金錢方面我比馬克保守，會自行腦補各種可能發生的恐怖情況（這對正在看這本書的你是好事，表示書中的危機管理很萬全），比起我，他更能老神在在看待投資浮動。如果根據他個人的偏好「滾錢生利」，數字就會略低於我覺得安心的數目，因為馬克不像我，需要準備一系列權變措施，夜裡才能睡得安穩。但正因為我曉得他的計畫版本會讓我壓力破表，很難好好享受提前退休人生，所以我們加碼數字，最後存到讓我們倆都安心的數字才退休。

　　如果你要和另一半規劃提前退休，正如其他的人生重大計畫決定，這時一定也要兩人共同擬定計畫。

## 提前退休要素檢查清單

□ 決定你們的儲蓄目標是兩段式提前退休或單一退休階段。

□ 如果你的計畫是往單一階段邁進，可以根據你們已經存到
的金額和運用的投資工具，先在內心盤算，是否需要動用
SEPP 或羅斯轉存。

□ 決定你規劃的安全提領率偏保守路線（3%～3.5%），或是
較大膽一點的路線（4%）。

□ 有另一半的人，請和對方一起做所有決定。

# 第 7 章
# 你的提早退休理財路線圖

領先的祕訣是現在就啟程，刻不容緩。
　　──馬克・吐溫（Mark Twain），小說家、作家、著名演說家

　　現在要查看你真實的財務狀況了，這可能是最好玩的一個環節，也是開始認真的時候。在這個階段，你要塑造真正的計畫，邁向不被工作綁住的人生。最棒的是我們要將任務細分成階段式里程碑，教你安排可以出奇制勝的系統。我和馬克剛開始規劃離職需要的儲蓄時，我腦海中總會飄出一個小聲音：我們真的辦得到嗎？尤其是像我這種不擅長存錢的人，我真的無法想像我能夠喚醒意志力，存起每一塊錢。幸好我們有明確的計畫和系統，不用繼續懷疑自己。我不需要意志力，你也不需要。所以要是你還是忍不住懷疑，別擔心，這很正常。我會在本章向你證明，目標絕對可以實現。

　　隨著我們打造理財計畫，請記得這就像一部流動紀錄，按照你的進度發展。你可能在檢視開銷和花費時，發現你其實不需要你本來以為需要的東西，就可以過得幸福快樂，這時你的

目標金額就會縮小。或者你可能會發現開銷削減太多，會有種被剝削的感受，這時可以稍微提高目標金額。同樣地，隨著股市投資或是加入更多權變措施帶來的順風效應，你的時間軸可能會縮短或延長。這一切都很正常，也沒有問題。你會持續修潤我們在本章打造的路線圖，直到真正脫離工作限制的那一天。創造屬於你的路線圖，用意不是害你受困某條道路，動彈不得，而是給予你理財目標和方向，讓你儘早實現你的美好人生。

　　問題的重點是：究竟多少才算足夠。當你擁有的已經足夠，就不需要繼續工作，你可以退位，讓別人有機會做你從事的工作。當你擁有的已經足夠，就可以負擔所有生活需求和剛剛好的欲望，讓你興奮過著屬於自己的人生。當你擁有的已經足夠，你就再也不必為了金錢所苦，夜不成眠、壓力爆表。當你擁有的已經足夠，給你再多錢都沒有意義，因為你的生活已經什麼都不缺。訣竅是不要混淆足夠和多餘。認真思考過自己的人生和開銷後，你會發現不用懷疑，有時即使花了錢，最後也無法讓你快樂。你越是懂得放手，就越快存得到錢，而你需要的東西也越少，因為你知道現有的已經足夠。

 ## 你目前的財務情況

　　你知道目前的開銷是多少嗎？你有生活預算嗎？研究顯

示，60％的美國人沒有為生活設定預算，所以要是你不按照
預算過日子，其實你並不孤單，但是想實現不被工作綁住的人
生，你必須先對自己的財務狀況瞭若指掌。最好的起點就是計
算你的資本淨值，這是你追蹤後續進度的起點。資本淨值就是
資產減掉負債（債務），可透過圖表 7.1 來試算：

**圖表 7.1　資產淨值試算表**

| 資產 | |
|---|---|
| 現金存款 | |
| 退休存款 | |
| 應稅投資 | |
| 房屋淨值 | |
| 其他財產淨值 | |
| 壽險現金價值 | |
| **資產總額** | |
| **債務（負債）** | |
| 信用卡債 | |
| 房貸餘額 | |
| 車貸餘額 | |
| 學貸餘額 | |
| 其他債務 | |
| **債務總額** | |
| **總資產減除債務** | |

備註：不建議將汽車價值列為資產，除非你現在打算脫手汽車。房屋裡的
　　　物品價值也不應列出，因為這些都會對資產造成貶值，並且只會持
　　　續貶值。

　　如果你還沒有財務追蹤系統，可以趁現在製作類似圖表 7.1 的試算表。用試算表統計你的全部資產，扣除所有負債數字，這樣就能得出你目前的資本淨值。試算表再新增一個文字檔，更新每個月的資本淨值，並將這個初始數字當作首個紀錄。如果你的初始數字是負數，也別太難過。清償債務是幾乎每個人都得歷經的提早退休過程。

##  追蹤你的開銷

　　下一個步驟很關鍵：清楚掌握你目前的開銷。唯有完全瞭解金錢去向，你才能找到開源節流的方法，並明白為達目標應該存多少錢。儘管你已經粗略掌握你的開銷總額，心裡對你的提前退休儲蓄目標也稍微有底，但這卻無法讓你瞭解個人消費習慣。為釐清這一點，你需要看的不只是總額，還要看每筆消費的去向。

　　如果你花用的每一塊錢都存在活期存款戶頭，以支票或簽帳金融卡的形式付款，追蹤就很容易，因為你已經知道總帳。但大多數人現金、信用卡、簽帳金融卡混著使用，這種時候就得把所有不同開銷集中成一筆總帳。如果你有另一半，最好將兩人的開支相加，得出一個總額。幸好現在有理財科技工具，可以幫你釐清每一筆帳，輕鬆自動分析資料。最有名的免費追蹤應用程式是 Mint，其他免費和付費服務則包括 You

Need a Budget（YNAB）、Personal Capital、Clarity Money、Tiller，不斷推陳出新。你的銀行可能也提供了儀表板工具（Dashboard），讓你可輕鬆分析開支。

　　所有應用程式都是集中不同帳戶資料，然後以餐廳外食、水電瓦斯費、娛樂消遣等主題進行分類，幫你分析金錢的去處。看到這份分析時，你可能會恍然大悟，我們剛開始追蹤開銷時也一樣。雖然我們知道自己常常到餐廳用餐，卻對外食總花費毫無頭緒。得知我們花在外出用餐的費用，我們驚嚇不已，馬上就決定要減少這方面的開銷。如果你也經歷同樣的震驚，請好好利用這份驚嚇的心情，帶你改變自我，邁向目標。

　　為了真正瞭解你的消費習慣，追蹤應長達數個月，而不是只有一個月，因為消費起伏在所難免。有些追蹤應用程式能追蹤整整一年，非常實用，但這些應用程式並不會記錄你的現金消費。回顧近期消費，可幫你確認在 Part 1 揪出的無腦開銷和生活方式造成的通貨膨脹，或者挖出你尚未發現的隱藏版無腦開銷。深入探究這些分類、揪出隱藏趨勢，記下任何你在這個過程中發現的開銷，可說是非常值得。

　　接著就是在儲蓄時追蹤開銷。計畫完成前開始儲蓄是絕對沒問題的，利用第 3 章嶄新的消費哲學和理財任務宣言，持續追蹤支出 3 個月。追蹤期間把所有開銷都集中在一張金融卡、避免使用現金，會大有幫助，這樣就能取得完整紀錄。如果你信得過自己使用信用卡，相信每一個月都能結清帳款，你就可

以單用一張信用卡進行分析。**不要漏掉任何一筆帳，即使你覺得只是一次性的費用都得記錄下來。有時我們會自我催眠，某筆開銷就這麼一次，不足掛齒。但當我們回頭檢查開支，就會注意到有多筆一次性費用的傾向，所以每一分錢都不可放過。**

追蹤金錢流向時，可以同時考慮寫日記，不必很正式，用手機隨手記下你留意到的事情也可以。由於內心清楚每一筆帳都會被記下來，現在你可能對自己的消費躊躇起來，很值得你記錄當下感受，找出你的傾向。例如：你現在會擔心花費，你不斷發現自己想在網路上買衣服，同時卻懂得拒絕朋友出去玩樂的邀約，這些都值得記下來。

最後，花點時間觀察你的數字，比較一下你筆記的內容，然後問自己：你是否遵守全新的消費哲學和理財任務宣言？有什麼感覺？會很難遵守嗎？是否仍有沒發覺的無腦開銷？追蹤期間是否覺得自己過得很苦？你覺得是否可以縮減開支、同時不用吝嗇或讓自己過得不開心？如果你有另一半，可以一起研究討論兩人的數字和感受。你可能會根據最終答案微調消費哲學，要是你決定不要對自己那麼嚴苛也無所謂，或者你也可能運氣好，發現追蹤期間的開銷舒適度剛剛好。

追蹤期間的目標之一，就是找到讓你自在的消費水準，也就是目前容許的花費數字，讓你可以稍微享受當下，同時也為了實現未來的理財目標，存下一大筆錢。如果你將所有焦點都放在未來的目標，而犧牲當下的生活品質，最後就會鬱鬱寡

歡，很可能說放棄就放棄。放慢達成目標的步調，總比直接放棄來得好。

　　等到追蹤工具下載好了，你也適應日常監督開銷的節奏後，可以持續使用這些工具記錄追蹤。規定每月與伴侶或自己來一場理財約會，仔細檢查開銷，找看看是否有新冒出的無腦開銷或生活方式造成的通貨膨脹，聆聽自己的感受，用錢方面是不是應該更嚴謹，或是應該多給自己一點空間。

　　已經清楚讓你感覺自在的消費額度後，你可以將平均每月開銷乘以 12 個月，得出一整年的舒適開銷金額，再算入追蹤期間未包含的已知費用，例如房地產稅或度假花費。有了年度開銷總額，你就能輕而易舉決定，為了實現理財目標，你可以挪用的現有資金。簡單來說，如果你從年度實得薪水裡扣除目前舒適的消費額度，就得出你用來償還債務和提前退休儲蓄的金額。年度總額可能南轅北轍，因為有些資金可能會用在稅收優惠帳戶，例如：401(k)、傳統 IRA 或 HSA。你的供款額越高，積蓄就越多，因為供款金額不必支付所得稅。

　　依據你選擇的退休模式而定，你可以利用個人舒適的消費水準，粗估得出你所須的儲蓄金額：從足夠供應事業中斷那幾年的舒適開銷，乃至完全提前退休、高達 25 ～ 35 倍的預期開支（之後以變數 x 呈現）。若你有房地產投資，舒適消費水準會告訴你，你的出租房地產需要滾出多少所得，而若你鎖定的目標是半退休，舒適消費水準也會讓你知道，你每年需要儲蓄

這筆所得的全額，或是只有一部分。

　　為了更精準預測脫離工作限制後的人生開銷，請思考退休後哪方面的開銷會和現在不同。退休後某些開支減少很正常，例如：你再也不需要通勤費用，不用買上班穿的套裝，也不用再付乾洗費。然而某些花費也會自然而然增加，像是水電瓦斯費，因為你比以前常待在家，可能需要開冷氣或暖氣。因為旅行的時間變多了，旅遊開銷也會上升，此外還會有不少跟嗜好有關的開銷。常見的花費也可能改變，接著還得算進你人生願景的全新分項。

　　別忘了第 5 章討論過可能上漲的醫療保健費用，你的居住情況也可能改變，你或許打算搬到比較便宜或昂貴的地段。接下來還要考慮未來是否有你已經知道的一次性費用，像是孩子的大學學費、照顧年老親人的撫養費，或是搬到夢想地段的開支。另外還有一個值得思考的方向，就是你是否真的需要一部新（二手）車、新潮家電，或其他高價位商品，再用開支除以每次購物的間隔年份。若開銷還沒算進房屋和汽車維修保養，就得再加入這方面的預期可能花費。一年加上幾千美元的醫療保健預備金，也是一種聰明的做法，畢竟目前的醫療保健費用以通貨膨脹率的 3 倍飆漲。算出所有費用，得出你的 x，計畫就有譜了。

**舒適的消費水準 → 決定你最快何時可存到錢**

## 未來開銷（x）→ 決定你需要的儲蓄金額

　　認真檢視你目前、財富累積階段和未來開銷的舒適消費水準時，有一個很好用的數字，那就是「300」。300 是個厲害的數字，如果用 25x 的規則（25 乘以 x，也就是 4% 安全提領率的相反值），25 乘以一年 12 個月，就會得出 300，這意思就是說，你每個月少花 1 塊錢，就不必為退休多存 300 美元。要是換成房地產，每個月少花 1 塊錢，一年省下 12 美元，即使退休後每年的收租淨收入少賺 12 美元，也不會有影響。雖然每月 10 美元看似微不足道，卻能讓你多存 3 千美元甚至更多，所以或許仍值得一存？思考類似問題可幫你發現其他值得微調的事物，降低你目前的舒適消費水準或未來開銷（x）。

　　另一個揪出不重要消費的思想實驗，就是將舒適消費水準除以一年的總天數，大致預估每日開銷。為美好人生的每日開銷貼上一張實際價格後，無論是 50 或 500 美元，跳過某些不那麼重要的東西不買，就會變得容易很多。想當初我曾經對一雙 REI 牌登山靴這麼說：「不好意思，你看起來是很美，但我不確定你值得我賭上 2 天的自由。」儘管你想要迅速得出初始舒適消費水準，加速儲蓄，但也應該要有心理準備，這個數字可能需要不斷微調更新。**隨著儲蓄漸漸累積，資本淨值每月跟著攀升，你可能會發現自己離目標越來越近，比起過去買下一堆自以為需要的東西，這種感受肯定更能讓你喜悅。請慢慢來，也**

別忘了保持開放心態。

雖然你還不知道未來的舒適消費水準需要哪些調整，你現在也大致曉得自己的儲蓄目標了。如果你得出的數字聽起來很嚇人，以下是幾個可以激勵你前進的事實：湯瑪斯・史丹利（Thomas Stanley）和威廉・丹柯（William Danko）進行的調查發現[1]，身家百萬美元的家庭中（如果你設定的目標是完全提早退休，那麼這應該也是你的目標數字），80％都是白手起家的第一代，而不是繼承巨額家產的第二代，而且大多家庭都有子女、主要工作是「正常」甚至「無趣」的事業，身分更不是醫師、軟體工程師。有一半的人並未靠父母付清大學學費；已婚家庭裡，有一半的家庭只有一個伴侶賺錢養家。

我的意思不是說障礙並不存在，你可能背負龐大學貸，工作上不受器重，也親身體會到薪資差異。你可能沒讀過大學，或者一肩扛起撫養大家庭的重責大任。當然，對於某些人來說，儲蓄比其他人容易，尤其是高薪族，但**不是只有世界各地的青年才俊或繼承上一輩家產的人，才可能躋身百萬富翁行列。這些人通常都養成省吃儉用、長期投資的好習慣，換句話說：下一個致富的可能就是你！**

卡爾和明蒂・詹森在三十歲後段班踏上提前退休的追尋之路。檢視兩人的現有存款和低開銷生活方式後，他們發現兩人可在五年內退休，也就是四十歲初。但這筆資金只包括了四人家庭的基本生活開銷：擔任政府承包商的卡爾、全職媽媽明

蒂、兩個年幼女兒。雖然原則上他們不希望女兒抱著父母會幫
忙繳大學學費的心態長大，但卡爾和明蒂卻希望自己有能力，
可以幫孩子付學費。但他們沒有把大學開銷算進退休魔術投資
裡，而是在卡爾提前辭職退休後，存在另一個花費類別裡。
44 歲時，卡爾存到提前退休的魔術數字，瀟灑離職，接著夫妻
倆的角色互換：明蒂現在有一份純粹為興趣而接的全職工作，
幫忙管理房地產教育網站。由於他們已先存夠提前退休經費，
所以家裡不需要靠她的收入維生，她目前賺的錢全數存起來，
當作女兒未來的大學教育費。如果你預期未來會有一筆龐大開
銷，或許這個模型能提供你一個參考方向。

 ## 提前退休的魔術數字

　　如果你以範圍思考退休的儲蓄，儲蓄最低點就是 65 或 67
歲的傳統退休儲蓄，最高點則是提前完全退休，也就是儲蓄最
多的退休模式。這兩個高低點之間，則是不同的提前退休模
式：事業中斷是排在傳統退休後第二積極的目標，半退休又比
事業中斷積極。

| 傳統退休 | 事業中斷 | 半退休 | 完全提前退休 |

　　請注意以上排列並非絕對，你可能規劃其中一種退休模式，卻暫時落實另一種。以我們兩人來說，我們規劃提前完全退休，卻在退休後第一年工作了一陣子（包括寫這本書）。即使我們覺得自己已經提前退休，卻因未使用魔術收入支付帳單，所以那一年的財務狀況比較類似半退休。但我們仍計畫在不遠的將來正式提前退休，也很開心目前的工作完全非必要，我們的理財計畫不需要我們再多賺一毛錢。

　　帶著所有彙整完畢的數字，包括目前的舒適開銷水準、未來開銷、你預測的一次性開銷，還有你感到自信的安全提領率，接下來就能開始計算你需要為每一種提前退休存多少錢。

 ## 完全提前退休的魔術數字

　　對於向工作說掰掰的完全提前退休，假設你的投資焦點是股市投資，那麼存款目標就是離職後每年開銷的 25 ～ 35 倍，取決倍數則是依照你的風險承受能力而定（財務保守的安全提領率是設在 3.5％或者更低）。如果你的投資重點是出租房地產，那麼存款目標就是扣除所有年度支出的費用和稅務後，靠租金滾出足以退休的魔術收入。如果你有退休撫卹福利，計算時 x 就要減去你每年預期收到的金額。

　　若欲快速計算，可用以下公式粗略得出保守的完全提前退休魔術數字：

## 年度開銷（x）× 30 ＋ 10% 應急費用＝完全提前退休的魔術數字

以上公式利用低於4％的安全提領率，並為防範高醫療保健費和房屋花費等將來未知狀況的應急狀況，提供額外保障，打造面對報酬順序風險的額外緩衝。

若希望更詳細計算，可加入你預期的年度開銷、安全提領率（落在3%～4%之間，請見第6章），以及任何你知道需要額外花用的一次性費用，像是孩子的大學學雜費或買房子的經費，然後算出你的魔術數字。

### 圖表 7.2　魔術數字試算表

|  | 年度開支（$） | SWR（%） | SWR 反比 (100/SWR) | 基本金（年度開支 × 倍數）（$） | 額外的一次性開銷（$） | 粗估的魔術數字（$） |
|---|---|---|---|---|---|---|
| 魔術數字 ＝年度開支（減去退休撫卹費用）× 安全提領率反比＋額外預期花費 | x | SWR | 100/SWR | 100x/SWR | y | 100x/SWR+y |

圖表 7.3　提前完全退休情境範例

| | 年度開支<br>（$） | SWR<br>（%） | SWR 反比<br>(100/SWR) | 基本金<br>（年度開支<br>× 倍數）<br>（$） | 額外的一<br>次性開銷<br>（$） | 粗估的<br>魔術數字<br>（$） |
|---|---|---|---|---|---|---|
| 情境一：<br>提前完全退休<br>超低年度開支<br>每年 4 萬美<br>元，風險承受<br>能力高、無其<br>餘預計大型未<br>來開銷。 | 40,000 | 4 | 25 | 1,000,000 | --- | 1,000,000 |
| 情境二：<br>年度開支 5 萬<br>美元，風險承<br>受能力中等，<br>預計孩子大學<br>學雜費為 6 萬<br>美元。 | 50,000 | 3.5 | 31.25 | 1,562,500 | 60,000 | 1,622,500 |
| 情境三：<br>年度開支 7 萬<br>5 千美元，風<br>險承受能力<br>低，預計孩子<br>大學學雜費、<br>撫養年邁父母<br>總額為 20 萬<br>美元。 | 75,000 | 3 | 33.33 | 2,500,000 | 200,000 | 2,700,000 |

　　若是以出租房地產為主的提前完全退休，你需要做的就是
知道自己應該投資多少房地產，才可以錢滾錢，存到足以供應

你未來的生活費。倒也不是哪一間出租房屋非要收到某金額的租金，不過你可以利用下列公式粗估：

**年度必要所得 ÷ 現金報酬率\*＝提前完全退休的投資房地產本金**

　　除了決定提前完全退休的魔術數字，如果你打算跟我們一樣採取兩段式退休，或許可以分配總額，將一部分撥發至第一階段（提前退休），另一部分則撥至第二階段（傳統退休）。尤其要是你計畫為不同階段保留不同批次的資金、需要設定不同目標。可利用下列半退休計算法，思考你想要如何分配資金。就我們的例子來說，儘管第二階段退休工具（59.5 歲後使用的費用）有時間慢慢成長，但我們還是採取極端保守的存款方式，帶著大筆第二階段退休工具的資金退休，也因此我們能提高開支，人生後面幾年還有充裕的應急基金保障。

　　你所要取決的不只是整體儲蓄金額，還要思考怎麼把資金分成不同時期，考慮該採取分階段或不分階段的方法儲蓄。

---

\* 現金報酬率指的是出租房地產的稅前現金流率對比整體投資額，以百分比的形式呈現。這是出租房地產的諸多算法之一。一般來說，現金報酬率大概是 10%，或是以 10 乘以年度所須稅前所得。請參考本書的「補充資源」，瞭解房地產投資，以及安全又有賺頭的投資指南。

圖表 7.4　湯雅和馬克的存款金額

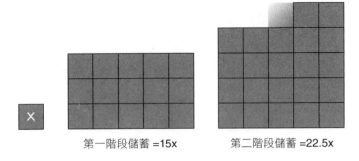

第一階段儲蓄 =15x　　　　　　第二階段儲蓄 =22.5x

## 半退休的魔術數字

　　要是採取半退休形式，預計在提前退休時期繼續兼職或從事季節性工作的話，你的目標較不好計算，然而魔術數字也會跟著縮小。無論你怎麼存，最好都在半退休前存到足夠的傳統退休資金。但是從半退休到傳統退休年齡，你還有一小段時間，因此沒必要存到 25 ～ 30 倍，畢竟股市會幫你生息滾利（稱之為魔術收入並非沒有道理）。等你到了 65 歲或你設定的完全退休目標年齡時，你的傳統退休目標就是年度開支的 25 ～ 30 倍（算進退休撫卹後）。

　　你可以用兩種形式考慮半退休：一種是不需要魔術收入的半退休，另一種則是需要魔術收入的半退休。若你現在是高薪族，生活節儉，那你就適合第一種。要是這種情況，將工作減量到足以負擔舒適開銷水準的程度，或是未來仍保持類似的消

費習慣，可能已感覺得到工作量縮減帶來正面龐大的效應。若是這樣，你只需要慢慢存到傳統退休所需的資金，以及應急基金和世事難料資金等基本開銷。為了這一類型的半退休做準備時，以下公式能粗略算出金額：

### 選項一：25~30x 複利生息前的金額＝半退休魔術數字

可利用本書「補充資源」提供的 Investor.gov 計算機，以保守估計的 2% 或 3% 實際報酬率，從未來退休目標和半退休日期往回推算（由於是以今日幣值計算，你得依據通貨膨脹調整，從預計收益抽掉 3%。更因為你的投資組合並非只有股票，所以你只需要從歷史股票市場平均值向下調整）。將初始金額調整至符合退休需要的目標金額，並算入半退休時會默默滾利生息的錢。

假設算進通貨膨脹後每年會有 3% 實際報酬，你計畫 20 年後帶著等同於今日 1 百萬美元的資本完全退休（這個數字之後會成長），那麼計算機會告訴你，在算進複利前，你必須為傳統退休儲蓄的金額約莫是 55 萬 4 千美元。

如果你鎖定的是第二種半退休，希望半退休時保持部分魔術收入的現金流，那就先從上列方法開始計算你需要為傳統退休存多少錢，接著加上你必須為近期開支額外儲蓄的金額。

使用類似 Bankrate（列於本書的「補充資源」）的提領計

算機，輸入你提領資金的預估總年份、預期報酬率（為保險起見，一樣還是 2%～ 3%的保守實際報酬），以及用今日幣值來看，你每年需要的生活費，然後算出你必須為半退休儲蓄的金額，就像計算傳統退休時一樣往回推算，在半退休結束之際要記得預留少許資金。

假設你預期半退休是 20 年，以今日幣值來看，每年需要 1 萬美元，當作工作收入外的補充資金，以 3%的實際報酬率計算，你的第一階段起始餘額大概是 15 萬 5 千美元。

綜合以上兩個例子，如果你預期半退休前都在存錢，並在完全退休前先半退休 20 年，而你的年度開支是 4 萬美元，半退休時期實領的稅後收入估計是 3 萬美元，假設這段期間股市小有成長，那麼你只須在離開全職工作前存到七十多萬美元。當然你也可以更大膽，預期會碰到更龐大的市場收益，於是決定存少一點錢，甚至打起財務保守牌，選擇儲蓄更多資金。存多存少，選擇權完全在你。

跟完全退休的算法一樣，你預估需要為一次性花費儲蓄的金額，也要加入魔術數字，例如：孩子的大學學雜費或買房經費。如果從現在起算，你還有好幾年才真正退休，Investor.gov 計算機可幫你釐清你需要的儲蓄數字，等到你真正需要用這筆錢的時候，儲蓄就能成長到目標金額。

所以你的綜合半退休公式如下：

選項二：

**複利生息前的傳統退休目標＋複利生息前的半退休目標＋
複利生息前的一次性花費目標＝半退休魔術數字**

　　如果你瞄準的是兩段式完全提前退休，可以考慮調整以上
計算公式，預估得出第二階段稅收優惠基金（傳統退休）的存
款金額、應稅投資（在此是指半退休，亦即你的第一階退提前
退休）存款金額，加上已知開銷的緩衝保障金。

 **事業中斷的魔術數字**

　　至於選擇事業中斷的人，你需要的儲蓄金額遠遠少於完全
提前退休或半退休者，主要是因為你大可不必在踏上冒險前，
就存到後半輩子的生活費。你的目標只是存到一筆錢，能讓你
的長期財務高枕無憂，並且不讓事業中斷掏空你的資產。

　　若你選擇的是事業中斷，你的魔術數字算法，就是存到符
合你年齡的傳統退休儲蓄金額，加上足以支付事業中斷期間的
生活開銷，還有至少額外 6 個月的緩衝保障金，以免回頭找工
作的時間比你預期的久。雖說專家不贊成依據年齡儲蓄退休基
金，不過下列表格是很好的一般指南。

圖表 7.5　事業中斷的建議退休儲蓄金額

| 年齡 | 儲蓄金額 |
|------|----------|
| 30 歲 | 年薪的 1 倍 |
| 35 歲 | 年薪的 2 倍 |
| 40 歲 | 年薪的 3 倍 |
| 45 歲 | 年薪的 4 倍 |
| 50 歲 | 年薪的 6 倍 |
| 55 歲 | 年薪的 7 倍 |
| 60 歲 | 年薪的 8 倍 |
| 67 歲 | 年薪的 10 倍 |

資料來源：富達投資

　　假設你計畫 40 歲來場事業中斷，除了負擔事業中斷和緩衝時期生活開銷的非稅收優惠基金，事業中斷前，你的退休基金應該存到年薪的 3 倍。如果中斷期估計更長，例如：5 年，就要參考重返職場那一年的年齡退休目標，也就是 45 歲。若是如此，你離職前就得為退休存到年薪的 4 倍，外加一個負擔事業中斷和緩衝期間花費的帳戶。這些以年齡為主的建議，都預設你的薪水會隨時間增長，而且你的退休花費遠遠低於工作時的開銷（所以 67 歲時的 10 倍薪水，等於退休開銷的 20 ～ 30 倍）。要是以上假設都不適合你的狀況，請依據個人情況調整。

　　事業中斷魔術數字的計算公式如下：

退休儲蓄年齡的目標＋事業中斷的生活開銷＋

6 ～ 12 個月的額外開銷＝事業中斷的魔術數字


　　在本書專屬網站（TheWorkOptionalBook.com）有各式各樣
的報表供免費下載，你可以更精密計算出屬於你的魔術數字，
並以各種股市收益做實驗。仔細打造計畫時，請盡量利用這些
報表。無論你設定的提早退休模型是哪一種，你現在都更清楚
你瞄準的魔術數字，隨著時間過去，你自然會微調改良這個數
字。一開始得出一個能讓你鎖定的初始目標，代表你已經正式
準備完畢，可以上路。

 ## 決定你的儲蓄順序

　　既然已經算出魔術數字，我們現在就來策劃實踐方法，看
看要花多久時間才能達成目標。從實際薪資減掉你目前舒適的
開銷水準，藉此決定你每年可儲蓄的金額。這筆金額就是你的
啟動金，也就是讓你達成目標的金額。

　　以下順序提供你一個起點，讓你思考該如何運用啟動金，
邁向你的提前退休魔術數字，完成還清債務等中期目標時一路
打勾。根據你目前的財務狀況選擇起點，然後依照順序打勾
（跳過不適合你的情況），你可以使用啟動金，朝下一個目標努
力，直到最後完成所有目標。

儲蓄 2 千美元的緊急資金。

將足以獲得雇主配比方案的供款額存入 401(k) 帳戶。

緊急資金要儲蓄到 6 個月開銷（雙薪家庭 3 個月即可）。

多出來的資金全拿來清償高利息債務（7% ～ 8% 以上），直到還清為止。

多餘資金的一半用來提高 401(k) 和 IRA 帳戶供款，一半則用來付清學貸和車貸。
或是一半存入退休帳戶，另一半當作頭期款儲金。

將 401(k) 和傳統 IRA 提高至年度上限額度。

提高羅斯 IRA 供款（如果所得允許），或是將這筆錢用在後門羅斯上。

如果你的條件符合，可全額投資至 HSA 的年度上限額度和孩子的 529 帳戶。

展開應稅投資，主要鎖定指數型基金。

如果你有房子，提前償還房貸。

考慮供款至捐贈人服務基金（donor-advised fund）。

退休前的最後一個步驟，就是存夠現金，足以支撐 2 ～ 3 年的提前完全退休或
半退休期，或是中斷事業加上緩衝期。

如果你瞄準的是房地產為主軸的提前退休，儲蓄順序可能稍微不一樣：

儲蓄 2 千美元的緊急資金。

將足以獲得雇主配比方案的供款額存入 401(k) 帳戶。

緊急資金要儲蓄到 6 個月開銷（雙薪家庭 3 個月即可）。

多出來的資金全拿來清償高利息債務（7% ～ 8% 以上），直到還清為止。

儲存多出來的資金，當作出租買房資金和緩衝現金。儲蓄目標分別是 20% ～ 30% 的頭期款，外加足以支付 6 個月房貸的金額。

清償房貸以外的債務。

為了其他出租房屋和緩衝現金儲蓄。

考慮提高 401(k) 或 IRA 帳戶供款，供款至羅斯 IRA、HSA 或 529，展開應稅投資，開設主為指數型基金的帳戶。

考慮供款至捐贈人服務基金。

# 決定你的時間軸

得知需要的儲蓄金額，也曉得儲蓄順序後，你腦中下一個問題就是：這要花多久時間？如果你已迫不及待開始，問題可能是：我要多久才能辭職？這全要看你的儲蓄率，以下三個答案可以回答你的問題：

**一、除去你的舒適開銷後，目前手上還剩多少錢？**

**二、你是否期望收入會隨著時間上漲？大概會漲多少？**

**三、預測投資組合成長時，你走保守路線還是猛烈攻勢？**

平均來說，除了經濟衰退等例外情況，受薪員工每年會有約莫 3％ 的薪資調漲。當你算進每年 2％ ～ 3％ 上升的通貨膨脹率，薪資差不多原地踏步。然而這個數字並未算進升職或獎金，也沒有反映出為了保留珍貴人才，某些高技術產業不惜大幅加薪的狀況。所以即使 3％ 的加薪對你來說稀鬆平常，你是否預期在不遠的將來升職？你知道你升職後的薪水大概會是多少？加薪之後，你可以節制開銷、將多出來的資金投資在提前退休目標嗎？

要是一個人或一對夫妻每年從 6 萬美元的實領薪水中，取出 1 萬美元的啟動金當作儲蓄資金，那麼在這情況下，即使是最微不足道的市場成長（5％），經年累月下來，市場成長力量

都能讓儲金倍數成長，當我們算上加薪後的金額，儲蓄總額就
會飆漲。

圖表 7.6　儲金成長曲線圖

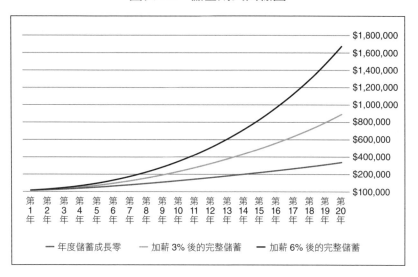

為了確定提前退休的時間軸，可以利用你目前可以儲存
的啟動金，再算進你預估的加薪數字（TheWorkOptionalBook.
com 上有可以計算的報表），估測出未來每年為了實踐目標，
你需要投入多少。與其花光加薪的錢，不如用來投資。投資的
神奇之處在於，儲蓄成長率比薪水成長快上許多，因為邊際薪
資收益經過百分之百的投資和生息，上列圖表已經說明投資的
威力。粗淺來說，你可以計算每年累積的儲蓄，直到達成目標

數字，不過你當然也會嚐到資本利得和複利加快儲蓄速度的甜頭。

打造理財計畫的最後一個步驟，就是加上所有情況的細節，擴增報表：

- 算進目前 401(k) 和 IRA 等稅前供款的總所得。
- 你的實領薪水，算進啟動金餘額，以分配用於儲蓄順序裡的所有單行項目。
- 分為房貸、少許利息債、高利息債務的總負債。
- 你推測的每年加薪金額。
- 其他未來可能的所得來源，例如：帶來正現金流的出租房地產、未來的退休撫卹、社會安全退休金（如果你打算算進去）。
- 你期望提前退休後每年可提領的金額（x 減去其他所得來源）。

將所有要素歸納完畢後，記錄在你的報表裡（表格可至 TheWorkOptionalBook.com 下載），決定每年的儲蓄目標（包括債務清償和中期儲蓄目標），這樣你就有好幾個值得瞄準和慶祝的中期里程碑。

填寫報表、自行製作公式是很花時間，但好處是你可以微調任何你想要變更的數字，也不用從頭擬定整張報表。假設你

想知道若是換了工作、每年多賺 1 萬美元會有什麼影響，這時就可以套用報表，看看會有什麼不同。就像所有計畫的元素一樣，這張報表就是一份流動紀錄，過程中你還能數度回頭修改微調。如果時間軸比你期望的要長，看看有沒有哪些地方是可以變更的，例如：再次降低開銷，或是改成需要稍微工作的半退休，而不是完全提前退休。第 8 章會談到致富法寶，當然這又是另一種縮短儲蓄時間的方法。

　　報表填好後，找個理財專家詢問意見，也不失是個好主意。雖然以上計算公式不複雜，但想到最慘的情況可能是老年散盡財產，找專人幫忙檢查你設定的數字沒有壞處。但請務必找認證理財規劃師（CFP）或依據信託標準辦事的顧問，這樣才不會遇到對方領了錢還強迫推銷產品的情況。銀行或經紀公司可能會提供免費的諮詢服務，你也可以選擇雇請純顧問費制的獨立規劃師。

　　有一個小訣竅：**許多老派規劃師不相信提前退休可行，所以在安排會面前，請先詢問對方對於提前退休的看法。如果對方態度看似開明，可以聽聽他們提出的疑慮，根據他們的建議微調計畫。但要是他們打從一開始就抱持懷疑態度，我勸你最好另尋規劃師。**如果不找規劃師，至少將數字輸入 cFIREsim 等線上蒙地卡羅模擬器（Monte Carlo simulation），模擬器會根據你輸入的數據，分析你已經存夠錢的機率。如果規劃師或模擬器指出你的儲蓄恐怕不夠，就得再從頭規劃。

　　恭喜！你剛擬出計畫的第一版本，不被工作綁住的人生雛形已經浮現。

 ## 保證成功的理財系統

　　目前為止算了不少數學，釐清脫離工作限制後需要的經費與時間，這些數學算式都是很關鍵的步驟。但是數學本身並不能教我們該怎麼落實計畫。更何況金錢不只是數字，每個人對金錢的情緒感受複雜不一，而節省龐大開銷可能讓人產生委屈的感受（到頭來連享受人生的錢都沒了）、無望（我不可能存到那麼多錢）或是自我懷疑（我才沒有那等意志力，只怕無法堅持到最後）。這時，系統就能派上用場，保證你邁向成功。

　　我天生就不擅長存錢。雖然我曉得很多人不介意勤儉度日，但我要是拿到一筆錢，絕對想像得到我會把錢花在哪裡（第一首選：繼續旅遊！）。正如我是你最意想不到可能提前退休的人，我也是自己最意想不到能存得到錢的人。我並沒有比誰都自律，也沒有超人般的意志力，更不擅長拒絕誘惑，又有錯失恐懼症。二十幾歲時，只要我的活期存款戶頭裡有錢，就會被我花得精光，完全不用等到下一份薪水入帳，就差不多成為月光族。當我發現理財的成功關鍵時，真的已經山窮水盡，而這個關鍵根本與一朝一夕培養出意志力無關。我知道我得存錢，但每次控制預算都失敗收場。

　　於是我給自己定下一個目標，那就是每個月底要存到 100
美元，然而到了月底，我的戶頭卻早就一毛不剩。而就在那個
時候，我的老闆換了一套薪資系統，要我提交新的銀行帳戶表
格。我注意到表格裡有一項提醒，那就是儲戶可以選擇將薪資
分頭存入兩個帳戶。於是，我找到了我尋尋覓覓的解答：把一
部分薪資當作儲蓄，如此一來，我就永遠都看不見那筆錢，就
好比我也看不見同時進行的 401(k) 小筆供款。就這樣，我刻意
讓自己看不到也摸不到錢的策略於焉而生。我和馬克結婚時，
我們共同擬定這個戰略，並按照這個做法，一路儲蓄到提前退
休的那一天。

　　「把錢藏在自己搆不到的地方」，這個戰略有個名字——
「預先支付」。換句話說，就是**將錢隨心所欲用在其他開銷或大
肆揮霍前，先為了自己的未來存錢投資。但唯有擬定一套讓你
完全不用思考的系統，預先支付才百分之百奏效**。我和馬克從
每筆薪資挪出更多資金，直接存入儲蓄帳戶，這時我們發現，
其實我們不會覺得錢不夠花，只需要找方法適應縮水的活期存
款戶頭經費。這個方法可能不適合每個人，但對我們來說，刻
意節制縮減可花用收入，就是有助我們快速存款的不二法寶，
也不用動用到原本就很薄弱的意志力。

　　因此我們決定加碼，提高儲蓄金額，將 401(k) 供款提升
至最高限額，最後每月再為指數型基金設定自動化投資。我們
每個月活期儲蓄戶頭的錢，都比過去習慣的要少，但因為這是

唯一看得見的數字，所以我們知道只能花用這麼多錢。我們持續降低匯入活期存款帳戶的所得，直到明顯感受到金錢縮水為止。我們這時才理解，其實可以存到的錢遠遠超過想像，而且還不用過著一毛不拔或收集折價券的生活，只是逐漸縮小開銷，不知不覺之中找到因應生活的方法。

藏錢是我們採用的儲蓄法，開銷則是我們認為「不列為預算」的錢。我們並不特別擅長將預算以傳統方式條列出來，但要是手邊只有一小筆可以花用的錢，我們可以嚴格遵守只花這筆錢。為了成功達成目標，你可以思考一下：打造傳統預算，每個月指定把某些錢用在某方面的做法比較適合你，還是像我們一樣，刻意節制縮小收入會更好。無論是哪一種方法，你都會達成目標，那就是減少開銷並且增加可讓你實踐人生目標的存款，這麼做肯定沒有錯。

先不論你採取哪種方式管理開支，把錢藏好避免隨便亂花用，並用來儲蓄或投資，對你不會有壞處。以下是幾樣你現在就能做的事，隨著儲蓄過程循序漸進：

- 設定薪資，將一部分月薪轉入高利息儲蓄帳戶，建立緊急資金庫，或是為了其他目標而儲蓄的現金，像是購買住家或出租房地產的資金。
- 債務的分期付款設定要超過最低付款額，而且要設定支薪日當天匯入，這樣你就只有一、兩天會看見這筆多出

來的錢。

- 考慮使用 Qapital 或 Acorns 等會幫你操盤的服務，自動整合購買金額，然後在儲蓄或投資帳戶儲存差額。你的銀行可能也有提供這項服務。

- 設定每月自動投資應稅經紀帳戶。將月薪分為兩筆，第一筆薪水用來支付房租或房貸，第二筆則是設定同時轉入自動投資，隨著時間漸漸增加金額，尤其是遇到加薪或升職的時候。

- 透過雇主計畫設定 401(k) 供款，要是你不覺得開銷緊繃，可定期提高供款額。要是申請許多計畫提供的金額自動提高設定，每年初自動設定提高供款額一或兩個百分比，甚至更加分。由於年初通常都會加薪，所以你感覺不到差異。

當你打造出一個自動化儲蓄系統，自然就會像魔術般錢滾錢、利生利（繼續滾吧！）。你只需要設定系統，接下來唯一要做的就是把任務交給時間和複利。如果你有動力，願意儲蓄更多錢，可以每個月或每隔幾個月利用自動化投資，漸漸提高藏錢金額，直到你覺得可花用的餘額綁手綁腳。要是有這種感覺，可以稍微降低投資總額，讓你有喘息空間，也別忘了好好恭喜自己，你找到了縮減舒適開銷等級、快速存錢的方法。

如果你培養出好習慣，無論是拿到退稅或獎金，將每一筆

意外之財存進銀行，加上不斷節制支出，收入同時也在上漲，那麼你的啟動金就會跟著膨脹，儲蓄率會隨著時間穩定成長，所以感覺起來不像是苦差事，也用不著犧牲你喜歡的事物。你只是過著尋常生活，投資卻滾雪球般悄悄增長。我想應該沒有比這更像魔術的事了。

圖表 7.7　節制開銷後，可用啟動金大幅增加儲蓄

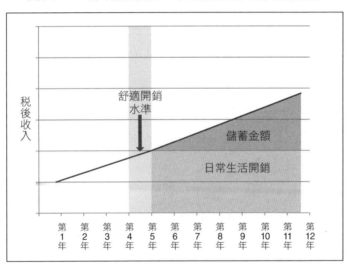

製作能夠助你一臂之力的系統時，很容易會為了某個理想的解決方法而糾結不已。但請記住，最好的系統並非一定得是理論上最好的那套，能讓你堅持下去的系統才是好系統。假如你拿到退稅金，很多理財專家會譴責你，因為這就好像你借給

政府一筆無利息貸款。問題是如果你已經知道，你一旦收到這筆薪水就會花掉，與其如此，以退稅形式直接將這筆錢退入你的帳戶，儲蓄的機率還比較高，那你做的就是最適合自己的事。

　　**太多理財建議都忽略了人性的現實面，努力邁向成功之路，並不是要你成為一個不是自己的人。**如果我僅能靠微薄意志力存款，就得多等好幾年才能提前退休。但正因為我認清自我，知道我必須藏錢，不讓自己有機會亂花錢，所以才年紀輕輕就達成宏大的理財目標。只有在對你奏效時，才叫作真正的理想。而創造屬於自己、適合自己的系統沒什麼好羞愧。

### 理財路線圖檢查清單

☐ 建造一個追蹤開支的系統,追蹤 3 個月。

☐ 找出你的舒適開銷水準和你目前擁有的啟動金。

☐ 確定你推測的未來開支(x)。

☐ 決定你未來希望儲蓄的經費,例如:孩子的大學學費或父母的撫養費。

☐ 無論你要採用哪種形式提前退休,算出預測需要的魔術數字。

☐ 創造你的儲蓄優先順序,將債務清償列為必要項目。

☐ 找出未來存款可能提高的機會,像是加薪或升職。

☐ 計算你的提前退休時間軸。

☐ 打造年度儲蓄里程碑,盡量將大目標切割成好幾個小目標。

☐ 製作提前完全退休計畫報表(請至 TheWorkOptionalBook. com 下載表格)。

☐ 設定自動化儲蓄和投資系統,抑或加速債務清償的腳步。

☐ 調高每月儲蓄或自動投資的金額,到了舒適開銷最低限度就停止。

# 第 8 章
# 為你的進度踩油門

永不停止投資，永不停止進步。

——鮑伯・帕森斯（Bob Parsons），企業家

　　先暫停一下，深呼吸，告訴自己你已經完成了最困難的部分。擊個掌吧！我有一個好消息，可以當作是給你的獎勵：你在計畫預定時間內達成目標的可能性非常高。截至目前，我已經和幾十個提前退休人士見過面，進行訪談，明顯趨勢是幾乎所有人最後都在原定計畫日期前提早實現目標，而我和馬克的 10 年計畫後來也縮短成 6 年計畫。這是因為發生了一件不可思議的事：夢想的人生願景和路線圖規劃完畢後，你會發現許多的人生優先事項變了，因而讓你提早達成目標。

　　如果你問退休前 10 年的我和馬克，是否願意減少上館子吃飯的機會，我們會用奇怪的眼神打量你，問你究竟認不認識我們。我們深信人生最大的樂趣就是嚐遍各式美食，也常常以我們想要造訪的餐廳為主軸，規劃旅程，並在兩餐之間安排不順路的行程，像是參觀博物館和文化景點。我們不曾花錢去迪

士尼樂園，卻曾為了一頓飯浪擲 1 千美元（紐約的 Per Se 法式餐廳雖然價格貴到讓人流淚，卻物有所值，這錢我們花得一點也不後悔，但也不會再去了）。這說明了美食對我們的重要性：我們可以駕駛一輛小破車、不買衣服，卻不能不浪擲千金吃一頓飯。

然而，現在我們的飲食習慣卻經過地殼等級的變動，外出用餐次數銳減，旅行時也會尋覓美味的街頭小吃，而不是預約最知名頂級的餐聽。我們是哪裡變了？

在我們發現提前退休可能成真後，領略山岳的人生願景讓我們鬥志滿滿，這時奇蹟發生了。停止開銷或減少開支變得易如反掌，我們也不感覺自己有多犧牲委屈。我們先是揪出可有可無的花費，不再看付費有線電視，說掰掰；不再重新裝潢居家，這簡單（這兩件事並非毫不相干。不再收看那些談論室內裝修的電視節目，大大降低我們居家裝潢的欲望，不再總是想把房子改成我們想要的面貌）。即使是外出用餐，這曾被我們視為人生最高享受的事，我們都逐漸發現，我們之所以熱愛外食，是因為美食讓我們享受到視覺和味蕾的饗宴，以及美輪美奐空間的氛圍。但其實根本不需要一人三道菜，才能擁有難忘的美食體驗。

我們大幅減少外食機會，外出時每人只點一道開胃菜和一杯葡萄酒，或者分食一份主菜，而不是各自點好幾道菜、好幾杯飲料。我們享受到了美食，卻也沒連累到實現目標的進度。

減少外出用餐的次數後，每一次外食都變得更難能可貴。這就是其中一個例子，說明我們發現省下錢可以換得其他事物後，遂改變了人生優先事項，拒絕誘惑變得簡單許多。持續修改開支只是其中一個為進度踩油門的方法，此外還有幾種可讓你加快速度、打造成功架構的方法。以下提供幾個當作參考。

 # 增加收入，加速退休

　　左右儲蓄速度的因素有兩個：你賺取的收入，以及你的花費開銷。大多人都能減少開銷，而且能夠省錢的項目可能還不少，但能夠節省的金額卻有限。想要舒適生活，開銷多少都有個底線。雖然你不能一直往下調降開銷，卻絕對能多賺一點。我們在第 7 章講過，賺更多錢，把多出來的收入用來投資，是年復一年增加投資額的最好方法。

　　收入升級有幾個可以依循的大方向：展開有賺頭的副業、學習其他領域知識，轉職高收入事業、將重心放在目前的事業、爭取加薪、自己當老闆。

## 開拓其他收入來源

　　在正職之餘從事副業在近年來變得越來越普遍，尤其是年輕人發現，若要償付學貸債務和負擔大城市的高房租，副業是個好選擇。對任何想要多賺一點錢的人來說，副業是可行方

法，但前提是你挑選的副業要很有賺頭。多層次傳銷策略瞄準的就是急著靠副業增加收入的人群，卻往往害人血本無歸。關於副業，在此提供一個很好的定律：**若是需要支付一大筆預付額，或要花大錢才能繼續經營，那麼這個副業恐怕無法幫你實現目標。**

十年來，我的副業是教瑜伽和飛輪課。我最早投入的初始費用很低，只要幾百塊美元，就能考取基本執照，而且幾乎沒有後續費用。雖然我不是很喜歡一大早 5 點鐘就起床上課，不過酬勞很高，再來還有一個好處，那就是運動還有錢拿。在瑜伽教室上課並非保證高薪，傳統師資培訓課程很花錢，瑜伽教室的薪水也不是絕對公正，但在健身房定期教健身課程倒是不錯的副業。

一般來說，除了正職工作，找份兼職打工是最快讓收入升等的方法，但收入本身可能不高。如果你有創業的念頭，除了主要工作外，可以在網路上經營生意，只不過創業有成本考量，也需要一點時間才回本。如果這嚇不倒你，展開自己的事業或許能讓你致富，提早退休後也可以繼續為你帶來所得，只不過風險也相對較高。在 Etsy 等網站販售手工藝品等從事嗜好相關的事業很吸引人，可以讓你從事你熱愛的活動，同時賺滿荷包，但在掏錢購買創作材料前，請務必確認你有實際客源，有人願意購買你的商品。

如果你對具有風險或創業成本的事業不感興趣，卻想完全

掌控自己的時間行程，那麼有幾種線上賺錢來源可選，例如：自由寫作或設計、網路助理，還有很多各式各樣的副業可選。這類副業通常都有一個問題，那就是工資低到不能再低，所以趁你答應客戶，接下耗時卻只賺入 5 美元的工作前，先思考一下你的時間值多少錢，再依據你供應的服務開價。

## 轉職高收入事業

要是你知道目前從事的工作薪資只會拖垮你提前退休的目標進度，或許可以考慮拿到學歷資格，換一個高薪工作。美國各地很缺科技和保健人才，而且薪水往往高於一般水準。但要是你對其他事業跑道感興趣，而且薪水也很不錯，那麼，離開目前工作，跳到另一個專業領域，其實沒有多數人想的那麼舉步維艱。

羅蘋‧查爾頓和丈夫羅伯特滿滿鬥志，想要挑戰提前退休，但她是旅遊專員，待遇不優，讓他們遲遲存不到錢。羅蘋並沒有認命接受事實，拖延儲蓄計畫數十年，而是決定轉換跑道，成為護理師，並密集受訓耗時一年多。即便這段期間需要停止工作，長遠下來卻很值得。她找到護理師工作後，雙倍薪資很快便入袋。為了升級兩人雙薪，羅蘋決定轉職高收入工作，讓他們的儲蓄計畫少了好幾年，儘管兩人合計薪資絕大多數低於六位數字，但密集投資 12 年後，他們成功在四十歲初退休了。

　　最好的起點就是先觀察你的地區薪資水準，在 Glassdoor
等職場評價網站上查看不同產業薪資，找出幾個你有興趣的職
業，再調查這些領域的工作基本條件。收集資訊後，可以在網
上搜尋當地課程，培訓轉職所須技能及取得學歷證照。如果資
金直接投入培訓或教育讓你焦慮不安，可以去找當地雇主，進
行資訊式面談。如果他們接受你的要求，代表他們很可能長期
缺乏認證合格的職員，你轉職的成功率也會跟著提高。對談時
記得確認員工所須具備的技能和學歷，接著開始做功課，看看
要怎麼進行培訓。在展開新課程前，調查你目前的雇主是否提
供學費補助或其他福利，以削減個人成本開銷。

　　根據美國勞工統計局在 2016 年發表的中等薪資資料 [1]，以
下是其中幾個教育及培訓期最短的高薪事業跑道 *：

- 空中交通管制員（年薪 12 萬 2,410 美元，需要專科學歷）
- 核能反應爐操作員（年薪 9 萬 1,170 美元，需要高中學
  歷）

---

* 根據台灣的勞動部公布 2018 年 7 月職類別薪資調查，以下列舉國內十大高
薪工作及其平均月薪：航空駕駛員（25 萬 3,657 元）、精算師（18 萬 1,830
元）、醫師（16 萬 3,842 元）、地質／採礦／鑽探／冶金工程師（12 萬 4,851
元）、電子工程師（12 萬 4,358 元）、船舶監管人員／含引水人員（12 萬
1,158 元）、財務／經濟及投資分析研究人員（12 萬 730 元）、職業運動員
（11 萬 8,928 元）、發電信設備操作員（10 萬 9,128 元）、電信工程師（10
萬 7,944 元）。資料來源：https://www.mol.gov.tw/announcement/2099/39949/

- 物流倉儲經理（年薪 8 萬 9,190 美元，需要高中學歷）
- 警員／警探監督（年薪 8 萬 4,840 美元，多州要求高中學歷）
- 配電員與電力調度員（年薪 8 萬 1,900 美元，需要高中學歷）
- 放射治療師（年薪 8 萬 160 美元，需要專科學歷）

　　除此之外，許多醫療保健事業只需要一個證照課程，就能躍升年收入五位數、近六位數字的高薪族。Code Academy 等公司開發軟體導致產業破壞，排除傳統教育制度的入學門檻，讓你能以最低成本取得搶手技能。

　　如果你已經有大學學歷，想要透過換跑道增加收入，可以從居住區域開始尋找高薪產業，考慮報名研究所或證照班，並取得轉職進入該領域的資格，但小心別為了取得學歷資格導致債務纏身。請審慎計算，確定轉職保證薪水升級，並可望縮短工作期間，當初投資的成本才會回收。

　　只因為你在某個領域工作，不代表你永遠都要待在那裡。要是你目前選擇的道路沒有發展空間，薪水也不太可能升級，不妨發揮創意，試試其他或許你能夠嘗試的領域，接受新跑道的教育培訓。

## 聚焦你目前的事業

　　雖然在兩份工作之間取得平衡不容易，在我十年事業生涯裡，我還是每週帶 6 ～ 8 堂飛輪和瑜伽課。我一週有好幾天要在清晨 5 點起床帶早課，每個週末都放棄大半個人時間，帶洛杉磯人做拜日式瑜伽動作。由於睡眠不足，我曾在好幾場會議上呵欠連連。可是我真的很喜歡教課，也很喜歡我的學員，更遑論教學讓我的收入升級，幫我清償債務，後來更是快速存到購屋經費。只不過後來我的工作職責加重，每個月需要出差數趟，最後不得不捨棄好幾堂課。

　　由於老闆對我抱有更高期許，希望我可以隨時回覆客戶，帶晚課變得難上加難。我常趕著結束最後一場會議，衝去上課。匆匆忙忙趕去上課的感覺不是很好，我也知道這種方法已經不適合我。所以即使結束教課對我而言是艱難的抉擇，但我明白一旦放棄副業，我就能更專注於正職工作，提升我日後升職、獲得加薪的機會。

　　與此同時，馬克也決定在工作上不遺餘力。雖然他沒從事過副業，他的工作品質向來很高，客戶和同事都對他讚譽有加，卻沒激起他對開發新業務的野心。這是他最不喜歡的工作，擔任銷售角色向來讓他不自在。但他也決定在事業生涯的每一面展現決心，踏出舒適圈，把開發新業務當作全新的優先事項。不用多久他開始加薪，升到公司最高位階，而這兩大跳級都加快我們儲蓄目標的進度。

　　你可能發現這種方法對你有效，有時你只需要向現任老闆展現你的決心毅力，工作上火力全開。心裡不斷盤算著提前退休，確實很容易對工作意興闌珊，因為你知道自己不會永遠留在那裡工作。但這樣其實是不對的，很容易讓你有度日如年的感受，工作壓力增加，正因如此，你的事業進階和薪資潛能跟著停擺。如果你把工作視為短暫的時期，好好珍惜每一天，就比較能夠享受仍可工作的時間，也更容易完成幫助你加快進度的辛苦工作。

　　先留意公司內部的機會，告訴主管你希望升職或加薪，同時對工作和公司展現誠意，加倍努力（一定要發自內心！你不必在那裡多留十幾年，只需要全力以赴個幾年即可）。和對方分享你期望的個人發展，詢問他們的意見。依你的產業而定，設定某些數字的做法可能算是合理。與他們達成共識，只要你完成某個工作上的里程碑，就能加薪、獲得獎金或升職。多多運用創意。在工作上多花心思，意思不見得是工作量大增，也可能是你自願接下某個沒人想做的工作案、監督管理更多員工，或是解決公司沒發現的潛在問題。就我來說，在工作上卯足全力代表更常出差，雖然會離家千里，但出差其實也很有趣。工作上多花心思可能代表工作量增加，但請不要預設立場。如果提前退休是你真心想要實現的目標，短期增加工作量不也值回票價？

## 爭取更高薪水

現在人們越來越能接受員工談薪水這件事,但值得記住的是,就算沒有談到目前工作的加薪,你也沒有錯失機會。如果你工作盡力,又是備受器重的員工,老闆可能會想方設法留才。員工流動率對雇主特別傷,所以他們當然會想留下你,就是這麼簡單。如果你運用圓滑的外交手腕,說明為何你認為自己值得加薪,或許就能爭取到你期望的薪水。

提出要求時記得保持溫和的態度,而不是一副找人吵架的口吻。準備好 Glassdoor 等求職網站上的區域薪資資料和地方工作列表,告訴對方你想要討論工作報酬。或許坦率說出你覺得自己值得加薪就夠了,不過你很可能也需要準備一套個人成就概括表,包括沒有立刻浮現在你主管腦海裡的個人功績。你也可能需要向他提供產業和區域的薪資水準。最有效的談判手法,那就是告訴主管你想要加薪,並和對方討論,覺得你應該怎麼做才有加薪的機會。

等到會談結束,兩方達成共識,得出一個你應該努力的數字目標後,你就要有所行動。6 週後再回去和主管約談,讓他看見你為了約定好的目標,在哪一方面得到進展,或是你已經增加工作量,展現出認真實踐的決心。至於是否幫你加薪,最後決定權當然還是落在老闆手裡。當然不是每個老闆都喜歡這種對話,不過請千萬記住保持和氣態度,每次找老闆約談加薪時,忌諱氣焰高張,以免要求加薪不成,造成反效果。只要這

麼做，你的成功率就會很高。

　　當然，換工作的加薪機會更大。獲得新的工作邀約時，你可以主動告訴老闆，為何你值得超過他們所提出的薪水。同樣也要觀察產業和當地薪資資料。若有加分效果，亦可調閱你過去的薪資紀錄（若不行也別太執著，由於要避免性別和種族的薪資差異延續，現在很多州禁止員工調閱薪資紀錄）。先讓老闆知道你很期待這份新工作，但你也希望知道是否有討論工資的空間。市面上有不少傳授談判技巧的書籍，不過最基本的技巧就是詢問對方，某個薪資是否就是該公司的極限、提出另一個數字，再不然就是你來我往，彼此提出幾個不同數字，看是否有人能接受其中一個數字。如果對方不肯讓步，可以刺探性的詢問若你完成某個合理的工作目標，或是你在公司待足一段時間，對方是否考慮提供薪資獎金。

　　單次加薪會與年度加薪加乘成長，對整場事業生涯造成龐大效應。舉個例子，若是 24 歲談加薪，4 萬 5 千美元的薪水再加 5%，到了 40 歲那年，累進所得差異就會是 5 萬 3,319 美元，50 歲則是 10 萬 5,939 美元，到了 65 歲，甚至是驚人的 23 萬 5,844 美元，這就是你與沒爭取加薪的人之間的差別。

　　當然，這是假設有 4% 的年度加薪（稍微超出平均值，但我沒算入會讓差異更顯著的升職）。你爭取的 5%，在第一年就會多出來 2,250 美元，但你爭取的不只有這 5%，而是長久下來的複利差異。請記住：所有數字都會累加。如果你稍微提

高籌碼，爭取單次 10％的加薪，差異更劇烈：到了 40 歲會是 10 萬 6,639 美元，50 歲是 21 萬 1,879 美元，到了 65 歲，則是 47 萬 1,688 美元。而事業一開始已經形成 4,500 美元的差異。但話說回來，在多數領域，同一個工作爭取到 10％ ～ 20％的加薪並不常見，如果你是真心希望薪資三級跳，最好的賭注恐怕還是換工作，並在接受新工作邀約前談好價碼。

## 當自己的老闆

如果你願意放棄穩定工資，接受風險，最快致富的方法可能就是自行開業，當全職老闆。史丹利和丹柯的研究顯示，賺入 100 萬淨值的人之中，有極高比例的人擁有自己的小公司。這裡說的不是身價驚人的科技新創公司，而是汽車工作室、乾洗店、會計師辦公室，所以不是你想像中光鮮亮麗的工作。要是你是雙薪家庭，其中一個伴侶的工作穩定，可以毫不費力支持你，那就更值得你全力拼創業。

**比起幫人賣命做事，當一個小公司的老闆，你可以自己將營業利潤收進口袋，也能夠控制經常開支。自雇者也享有稅收優惠，對提前退休者好處多多**，像是獨立 401(k) 等稅收優惠退休帳戶，可以讓你存到更多錢。當然要是一般來說，面對財務風險時你不免戰戰兢兢，也許對這個方法不怎麼感興趣，專注利用傳統就業升級收入，也沒有什麼好可恥。我和馬克曾深思熟慮是否該開設屬於自己的小型顧問公司，但最後還是覺得外

勤和壓力並不值得我們這麼做,更何況我們只計畫再全職工作幾年而已,於是決定留守,從原本的工作退休。

 ## 節約大型支出

22 歲那年,我以菜鳥之姿來到華盛頓特區工作生活。我還記得當時在《華盛頓郵報》(*Washington Post*)讀到一對年輕夫妻在昂貴的華盛頓哥倫比亞特區存款買房的故事。為了存錢,他們從不外食,幾乎天天吃白米配豆子,我記得當初我不禁心想:聽起來也太心酸了,我的個性應該不適合存錢。當時,我萬萬沒想到其實我很適合存錢,而且不用省吃儉用,只吃白米配豆子。所以我要向你保證:我不會鼓勵你餐餐吃白米配豆子,也不會叫你只買折價券食物。要是你愛喝拿鐵,我也不會勸你放棄。希望餐點多變化,並不表示你不適合存錢,省吃儉用只是其中一種省錢術。要是你先把關注焦點放在大型開銷,接著放棄對你來說已經沒有價值的小東西,就會大有斬獲,而不是浪費時間和心力縮衣節食。大多人的收入主要都花用在這兩大方面:住房和交通,所以我們先從這兩者說起。

### 節省房屋成本

你前面已經問過自己,對你而言什麼是人生中最重要的事,什麼是你覺得快樂最不可或缺的事物,所以現在應該已經

知道答案：你是否能夠削減房屋成本？如果你很喜歡你的家，無法想像搬到其他地方，也沒關係。若是這樣，如果你想要加快進度，可以將重點改放在其他方面。但要是你可以想像自己搬到較便宜的地區、找個室友，或週末用 Airbnb 出租自己的家，藉此縮減支出，你就有可能加速儲蓄步調。要是你有自己的家也可以出租，用收到的一部分租金支付你租的小房子，但請注意出租淨所得是應稅所得，所以決定這個方法是否適用前，別忘了算進所得稅。

第 5 章裡曾講到我們從洛杉磯搬到太浩湖時，設定房屋預算的思考過程。那年，太浩湖的房價從 2007 年的高點狠降五成，房市非常適合買家出手，利率更是空前新低，真的是適合買房的時機，我們難以相信自己的好運，沒想到居然已經準備就緒。當時我們很清楚，等到房價回漲，當初的購屋價格就會增值，因此有了可以砸大錢買房的藉口。至今馬克偶爾還是會半開玩笑似的感嘆，當初我們怎麼沒有買下另一棟售價較高、景色無敵的藍屋頂屋。但其實我們很清楚，將預算設定為低於銀行計算的數字，是我們這輩子最正確的理財決定。如果我們花更多錢買房子，就無法在 6 年內順利付清房貸，幾乎可以大膽預測我們到現在肯定還在工作，而不是已經提前退休。

在我們買房子前，我們最棒的唯一理財捷徑一直是壓低住房成本。說到晚餐外食和旅遊，我們或許出手闊綽，但能這麼做是有原因的。儘管薪資升級，也曉得要是真想搬家絕對辦得

到，我們卻依舊住在西好萊塢一間簡陋的一房公寓，一租就是好幾年。續租的主因是懶得搬家，加上我們很滿意租屋地點。但我們沒有搬家，所以存到一大筆錢，意外做了一次正確的理財決定。回想這一切，我們感到非常開心。

　　當然，也有人心甘情願選擇極端手段。比方說，史蒂夫和寇特妮‧艾德卡克想要提前退休，但經過計算，要是以目前的開支和收入水準來看，退休還需要等上好幾年。這兩人在亞利桑納州土桑市有兩棟房子，其中一棟出租，但房子是在 2007 年房市高峰期買下。他們的龐大房貸拖累存款進度，於是這兩人做出一個十分不傳統的決定，那就是不再住在房子裡。兩棟房屋出售後，他們買下一部 Airstream 旅行拖車，開始了遊牧民族般的生活，或者照他們的說法：把家當作殼，走到哪揹到哪。在他們的認知裡，擁有一個固定的家並非快樂的必備條件，因此改變居住方式可讓他們減少生活支出，也降低了他們必須儲蓄的金額，並且在 35 歲左右成功退休。

　　適合你的方法是什麼，全要看你自己。如果你願意減少房屋支出，每月可以一口氣省下幾百美元，再把這筆多出來的錢拿來投資。剪折價券或造訪二手商店都不會讓你一口氣省下這麼一筆龐大數字，所以對剩餘預算錙銖必較前，先問問自己對住房開支抱持什麼想法。

## 削減交通費

繼住房後，交通是多數家庭的最大開銷，適合你的節約方法有很多種。最基本的問題就是：你是否真的需要一部代步車？你家是否有好幾部車？你真的需要那麼多車嗎？即使你已經付清汽車貸款，每年仍要支付好幾千美元的車主成本，像是保險費、汽油費、保養費、停車費。如果你還沒付清這部車的價錢，更慘的是汽車還是租賃車，那每年還要往上加個幾千美元。不是每個人都能接受沒車可開，但要是你的居住區域方便步行，或是你住在交通運輸工具便捷的城市，可能會發現和人共乘及共享汽車的服務可以在你需要車時滿足你的需求。若車子對你來說不可或缺，可以考慮減少成本：每部車盡量開久一點，不要升等買新車；以買車取代租車，而且要購買二手車；增加保險自付額、降低保費；或是減少開車次數，節約汽油。

我們家還是有兩部車，而且兩部剛買時都是新車，所以說你大可不必犧牲汽車，也不用只買高里程數的二手車，才可能提前退休。但我們買的確實都是經濟實惠又值得信賴的汽車（一部是 2004 年份的本田喜美，另一部是 2012 年份的速霸陸傲虎），我們寄電子郵件給好幾家汽車經銷商的大宗銷售部門，提出我們要求的汽車規格，詢問到最好的售價，然後再把獲得的最低標價回傳給經銷商，請他們折價，就這樣一來一往，直到我們敢說已經拿到最低售價為止。此外，我們買傲虎時還付現，省去汽車貸款的利息費率。我們打算只開這兩部

車，直到不能再開為止。我們在洛杉磯的同事朋友可能都是駕駛 BMW 和奧迪，我們只是開不足為奇的小本田。然而我們卻心知肚明，要是購買更貴的車款或換新車，我們工作的時間就會拖更久，一想到這點，我們就能輕而易舉擺脫掉駕駛小車帶來的尷尬。

　　許多人的難題是住房和交通的關係經常相反。你可以住靠近市中心的位置，節省交通費，只是房價較高；再不然就是住在近郊，房價較低，只是你必須常開車。先觀察居住地區的房價，你可能會發現搬到鄰近市中心的地段，多付一點住屋的費用很值得，可以省下高額交通費，或是情況正好相反。傑瑞米·賈克伯森和妻子曾琬鈴在三十幾歲退休，他每天要通勤到西雅圖的微軟上班，交通費用很驚人。搬到鄰近工作地點的小房子後，他省下交通費，去哪裡都靠走路和騎車。即便都市中心的房價往往偏高，他願意大幅縮小居住空間，扣除交通成本後，房屋成本依舊很低。他的儲蓄率扶搖直上，目前和妻子帶著兒子環遊世界。

 ## 其他削減開支的強效方法

　　削減支出的方法還有很多種，但其中一些很勞神費心，會大大減損你的生活品質。我曾經整整一年積極收集折價券，現在回首當初，真的覺得我浪費太多時間，更別說這還害我們

購買不健康的垃圾食物，而不是無法使用折價券的新鮮健康食品。我多麼希望可以要回當初追逐折價券、跟收銀員爭執雙重折價券政策的時間。至少我學會了寶貴的一課：**把重點放在較不麻煩又適合自己性格的儲蓄技巧，結果好太多了，其他的就省省吧。換句話說：儲蓄時也要發揮你與生俱來的優勢。**

舉個例子。有些人真心喜歡到二手商店購物，他們喜歡尋寶以及發現超優惠折扣價格的樂趣，但這不是我的個性。我只要嘗試在二手商店購物，很快就受不了，而且會開始頭痛。我明明知道可以省下一筆錢，卻只買全新衣物，多年來我為此自責。不過我明白有些事情適合我，卻不見得適合我那些在二手店血拼的朋友，好比我不怕弄髒自己，動手修繕住家、手作DIY、租東西時超會殺價。我對購買二手貨的感受，就像他們對殺價的感受，所以每個人都應該使用適合自己的方式減少開銷，你喜歡用哪種方式省錢，哪些又是讓你覺得麻煩又不值得的方法？集中火力，運用個人優勢吧。

除了住房和交通，檢查你還有哪些大規模開銷。是和我們一樣的外食嗎？還是你有其他高消費的嗜好？愛買新衣服？購買孩子的非必需品？問問自己：你真正熱愛又不能沒有的核心元素是什麼？我們從中獲得結論，那就是我們根本不需要吃得豪華豐盛才能享受到美好體驗。如果你熱愛旅遊，旅遊有各種不同開銷，卻不是樣樣都非要不可。你喜歡住好飯店嗎？還是其實不在意過夜的環境，只要是你沒去過又有意思的地方就

好？你到了一座新城市或一個新國家時，是否在乎自己是否從事昂貴活動，抑或你只是喜歡到處走走看看，沉浸在不同文化當中？至於你熱愛又最重視的大規模開銷，你可以仔細研究看看是否能減少開銷，卻同樣體會到旅遊的精髓。

## 廉價旅遊的捷徑

努力實現提前退休目標的時候，你需要在財富累積階段減少開支，提升儲蓄率、擴增未來可動用的金額，這樣就不必儲蓄幾百萬美元，才負擔得起你的生活方式。儘管大幅削減開支，你若是仍然希望把旅遊放在首位，可能覺得旅遊捷徑很有吸引力。旅遊捷徑就是擴增旅遊信用卡紅利點數，並利用點數換取旅遊經費，而不是花用自己的錢去旅行。加上選在淡季旅遊，避開旺季和週末的高價後，許多旅遊駭客幾乎花不到多少錢。信用良好的新顧客若是達到最低消費額度，信用卡公司甚至會贈與旅遊里程或點數。假設你在開卡頭 3 個月消費滿 3 千美元，獲得的點數就足以來回飛一趟歐洲。如果你每樣東西都用信用卡付帳，並且不拖欠卡費，就可以不用再花錢，便能累積點數或里程。你可以看個人需求運用旅遊捷徑，可以是每年申辦一張新卡，抑或一次辦好幾張卡。

我一直認為擁有好幾張信用卡要記住每張卡的消費要求、繳費期限是件壓力非常大的事，於是我們每年只申辦一至兩張新卡。但話說回來，我們也用這種方式累積了好幾十萬個旅

遊點數（只要你申請時信用良好，準時付清帳單，一年申請一張新卡並不會拖垮超過幾位數的信用額度。不過某些銀行有規定，某一段時間內只批准幾張新卡）。這些點數價值幾千美元，除了正常花費和幾份年費，我們自己的錢可是一毛都沒花到。即使你不想要走旅遊捷徑，還是值得考慮使用旅遊點數信用卡，讓你平時消費時累積點數。如果你要出差遠行，查一下是否能將里程數挪為個人使用，而且專門只飛一、兩家航空公司、待在同樣的連鎖飯店，藉此增加累點機率，最後存到足以更換免費旅遊的點數。當然，你要信得過自己會負責任地使用信用卡，並且每個月全額繳清信用卡帳單，這個祕訣才適合你。如果你目前有信用卡債或擔心債台高築，請放心，繳清債務、無債一身輕的好處，還是遠遠多於旅遊捷徑。

簡單來說，如果你只把重點放在四大步驟，你會發現你朝理財目標神速前進，而這四個步驟沒有一個要你當小氣財神。你越是能將其中一步發揮到極致，成功的腳步就越靠近。

**神速儲蓄進度公式：**
**一、降低住房成本。**
**二、節省交通費用。**
**三、專心提高收入。**
**四、將加薪薪資存入銀行，並配合加薪所得提高儲蓄率。**

　　跟所有理財一樣，我們要考量純粹的財務層面，也要考慮面對金錢時的感受情緒。我們剛才討論的是為你的進度踩油門的理財策略，接著就來探討感情層面。

##  心理與情感層面也要踩油門

　　你已經學到了提前退休的理財原則，也安排好個人要套用的系統，這下子財務方面就簡單了。困難的是其他層面：**想像你想要的人生，並努力邁向目標時，你需要捫心自問一些艱難問題；想清楚為了實現目標，你願意改變什麼，另外最重要的就是等待。打造提前退休理財計畫時，你大致已經掌握了你的財務狀況，也忙著儲蓄，接下來……等就對了。**對大多人來說，提前退休的時間軸少說需要幾年，也有可能超過十年。和多半人的退休進度相比已經算非常快，卻沒必要否認還是有好幾年要熬。這段期間感到不耐很正常，經歷巨大生活型態改變時，要是沒有社會支持，感到壓力也不為過。幸好，若已知不耐和缺乏支持是這段旅程可能遭遇的非財務障礙，你可以採取幾個步驟，預防攔截這些狀況。好比你可以採取幾個步驟，移除可能打亂你堅持下去的誘惑，照顧好自己，才能處理工作壓力，讓你有繼續下去的力量。

## 克服不耐煩

我們認識的人當中,幾乎所有提前退休者在儲蓄階段都曾經歷一、兩次不耐期。我們當然也有,就我們的情況來說,工作帶來的精疲力竭是不耐煩的主因,就算是沒在為提前退休而打拼的人,不少人也有同感。祕密計畫可能是讓我們更精疲力竭的主因,因為知道我們不用像大多人一樣繼續苦撐著工作,但退休離我們咫尺之近,卻彷彿遠在天邊。不過這個經驗讓我們上了一課,每次這些感受開始沸騰,我們會用到幾個克制不耐的好方法,不耐一旦出現就立刻先發制人。

## 慶祝中期里程碑

無論你設定的魔術數字是多少,都很可能專心存到這一大筆錢。但這並不是唯一值得慶祝的數字,挑選幾個中期里程碑,每次實現就大肆慶祝一番。比方說,我們付清房貸後,就特地來一趟滑雪旅行,好好慶祝。每次淨值增長 10 萬美元時,就開一瓶香檳慶祝。實現其他小規模的里程碑時,我們也會擊掌鼓勵彼此。到了儲蓄最後幾年,我們似乎每隔幾個月就慶祝一次里程碑,這讓我們儲蓄時更能全力以赴,而不是不停想著,究竟還要存多少才能存到錢。

## 不抱怨工作

不耐煩最可能在工作繁忙或壓力爆表之際現形。這種時候

很容易陷入自憐的情緒，心裡想著怎麼還不能結束工作，不能退休。這種思想對心理狀態深具毒害，也會讓人在提前退休的過程分心，忘了自己可以朝提前退休的目標努力，是一件多幸運的事。以我們來說，制定不准抱怨工作的規定，就是讓儲蓄感覺變快的主因。我們可以聊工作上發生的事，就是不能怨嘆還得繼續工作這件事，也不得抱怨任何工作上都可能發生的尋常問題。這個禁令提醒我們，可以工作是一種福氣，讓我們更能欣賞工作美好的一面。最重要的是，一旦開始抱怨，過程會變得更艱辛難熬。停止抱怨，會感到時光飛逝，輕鬆自在。

## 只看工作美好的那一面

每一份工作都有沒人想做的任務（要是沒有，公司又何必付錢請你來做？），但你可以選擇專注於你不喜歡的事或你喜歡的事。問問自己：你最享受工作的哪些層面？也許是你特別擅長的任務，也許是你可以學習到的技能或知識，或是可以和你尊敬喜愛的同事互動。如果不能立刻想到，很可能是負面思考阻礙你的大腦，導致即使只有某些層面不好，卻讓你覺得工作一點好處也沒有。幾乎沒有哪個工作完全沒有優點，你可以更深入挖掘，思考工作上的學習機會、你接下的每個任務、工作環境裡的每個人。

思考一下，工作上有人詢問你的意見或讓你覺得自己的貢獻有價值時，是怎樣的感受。你很可能發現幾個值得你專注的

正面優點。當我開始用這種角度思考工作時，很快就理解到我不僅喜歡做簡報，工作上碰到困難時，也很開心有人詢問我意見。真正提前退休後，我很懷念工作時光，甚至開始思考提前退休後可用哪種方式，結合演講和解決難題，這樣就不至於完全放棄我最愛的事。更重要的是，只看喜歡的工作層面讓我更期待工作，讓我忘卻工作上不愉快的事。當我們已經存夠錢，這種思考方式甚至讓我們有點捨不得離職。

## 預習懷念

要是能幫你克服困境，運用「預習懷念」等小小心理訣竅一點也不可恥。工作最後幾年，每次我要做簡報時都會事先提醒自己，一旦辭職，這就是我最懷念的事，因此我可以全力以赴。我敢說這技巧讓前來聽簡報的人覺得我講得更好了，也加深簡報對我的意義。這算是正面的例子，可是預習懷念最有效的時候，其實是碰到不愉快的狀況。我會在緊繃會議上自我催眠：有一天，當我回首這一刻，肯定會忍不住噗哧一笑。光是這個念頭就能馬上讓我平靜下來，我會想像未來的自己回想工作碰到難處，並讓這個感受取代當下的壓力。雖然聽起來很詭異，卻很有效。

## 練習感恩

當這些小訣竅都不奏效，最好的不耐解藥只有提醒自己，

歷史上沒有多少人享受得到財務安穩，更別談不被工作綁住（就連家財萬貫的皇室都得工作呢）。而落實提前退休運動的我們，是有史以來少數幾個幸運兒，所以別忘了永懷感激之心。

 ## 建立強大的社會支柱

　　為了提前退休而儲蓄是件大事。可能徹底重塑你的用錢方式，連帶影響到你覺得值得投入的活動。雖然生活裡有很多人支持你朝目標衝刺，但即使他們不是保守派，你仍然可能聽見負面意見。比較好的負面聲音大多來自關心你的人，因為提前退休還不是主流思潮，他們沒親自看到退休理財數字，難免擔心你散盡家財。向他們詳細解說提早退休的觀念，有助他們瞭解你的情況，讓他們放心並全力為你加油。

　　最大隱憂其實是並非真心支持你的人。你可能會發現，一旦你不再花錢和這些人進行相同活動，你們就開始失去共通點，漸行漸遠。但這其實無所謂。真正的問題是你發現生活中大多人批評你全新的生活抉擇，更糟的是，你的新生活型態導致你流失社會支柱架構。以下是幾個方法，保證你不會因為這些難題而偏離目標正軌。

### 創造適合你開銷習慣的社交圈

　　如果你本來習慣某種消費，卻因為提前退休計畫改掉這種

花錢習慣，可能會對你的社交圈造成漣漪效應。我們住在洛杉磯時，和朋友見面不外乎是外出用餐，一晚下來往往至少得花個 100 美元。但當我們決定寧可省下而不是花光這筆錢後，我們發現這代表今後需要找願意到公園野餐的新朋友，或是一起喝杯咖啡，而不是吃飯喝酒的朋友。就我們的情況來說，我們察覺到這個問題的時候，正好搬到太浩湖，而我們也積極尋找樂於從事登山健行等免費活動的新朋友，而不是闊氣撒錢、徹夜飲酒作樂。

## 聰明選擇你的用字遣詞

　　要是你只想存錢，卻有人希望你花錢，準備好一套隨時應對的說詞很有用。「我現在負擔不起」是大多人慣用的官方說詞，但對於知道你正在執行省錢儲蓄計畫的人而言，這說法恐怕只會引來更多麻煩，因此不值得用這種說法打發對方，只怕會引起對方與你爭辯負擔不起的意思，懷疑你說的是不是真話。關於這一點，孩子可能是最難纏的評論家。行行好，幫幫自己，別老是重複一樣的答覆，挑一句可以有效終結對話的句子，像是「我們沒有這筆預算」、「這不是我們的優先考量」、「少花一點錢，我們全家在一起的時間就會變多」，甚至直接了當地說：「這會拖垮我的進度」。我們挑了一句簡單明瞭的說詞，可以有效終結討論：「我們現在真的沒辦法。」

## 呼叫線上支援

多虧有抱持共同目標的網友，我們才能加快提前退休腳步。如果你身邊正好有朋友正在朝財務獨立或提前退休的努力，那你真的很幸運。但對絕大多數的人來說，網路上獲得的支持可以填補這個空缺。如果你有靈感，可以開一個提前退休的部落格，吸引更多網友關注，但寫部落格並不容易，而且很耗時，通常適合喜歡寫作的人，即使沒有部落格，他們也會寫作。

即使你沒有網誌，還是可以在別人的網誌下面留言，交到新朋友。別因為其他留言的人都有部落格而卻步，如果你對產生共鳴的部落格真誠展現出興致，接著也許可以直接寫信給對方，或在社群網站上與對方聯繫，你可能立刻就找到知心好友。另一個途徑是參加地區的財務獨立聚會，這類聚會開始在世界各地風行，你可以搜尋提前退休的關鍵字，像是財務獨立（FI）、財務獨立提前退休（FIRE）。

## 鎖定目標，心無旁騖

如果以上方法都沒用，你生活周遭的人仍然不顧及你的感受，不斷對你施壓，要你為他們覺得重要的事物花錢，**別忘了時時提醒自己你為什麼想要提前退休。無非是多給自己一點時間，追求讓你熱血沸騰的事物，或是多陪伴孩子與伴侶、看看這個世界。**其他人可能無法抵抗衝動，樣樣都要和人比較，但

只要你謹慎打造理財任務宣言，清楚自己的人生願景，就比較不容易受他人影響。

 ## 別忘了多愛自己一點

這條路上，除了偶爾感到不耐煩，或者納悶自己是否瘋了，才會想要追求這種不傳統的人生，你也可能感受到現代人在工作時會有的正常感覺：壓力、疲憊，甚至精疲力竭。如果你是真的想要實現提前退休的儲蓄目標，就要照顧好自己，才能繼續存到魔術數字。

培養出處理工作壓力的應對技巧，無論是找時間做瑜伽，或工作休息時間散散步都好，把這些事情視為優先。好好利用假期，千萬不要重蹈我們工作最後幾年的覆轍，以為要是多拚事業，就會賺得更多。的確可能賺得比較多，卻也累壞自己。需要的時候就好好休息，盡可能找機會度假放鬆，即使只是待在家無所事事也好。

如果你曾經抱持「寵溺自己」的心態，花錢換取舒壓，也可以為自己加入一些支持，就不會覺得自己拚事業的過程慘到不能再慘。為自己分配一小筆津貼，花用在你喜歡的事物上，無論是多麼無聊瑣碎的事情都好。這樣一來，只要一有機會，你就能下班後繼續和同事去小酌或是午餐。也請你持續朝近期的玩樂目標努力，例如：計畫一趟期待已久的小旅行，或是稍

微裝潢居家環境，將居住空間變得更舒適。如果你覺得自己一直將樂趣延後到未知將來，就會發現更難堅持下去，只要偶爾為之的放縱不至於讓你失控，偶爾放縱自己，享受人生，就能讓進度快馬加鞭。

**為進度踩油門的檢查清單**

☐ 問問自己是否想賺更多錢，如果是的話，應該怎麼做。

☐ 只要有機會，就向老闆提加薪或要求提高時薪。

☐ 思考可以選擇哪些副業或培訓機會。

☐ 找出節省住房和交通成本的方法。

☐ 利用旅遊捷徑，縮減旅遊開支。

☐ 在提前退休的路上，建立支持彼此的社交網絡。

☐ 不時多愛自己一點。

# 第 9 章
# 萬無一失的理財計畫

*行動必有風險和代價，卻比不上停滯舒適圈的長遠風險。*
　　── 約翰・甘迺迪（John Fitzgerald Kennedy），美國前總統

　　我很喜歡我的工作，事業穩定，薪水也很高。對我而言，提前退休最困難的一點，就是心理因素。我不斷自問，要是我們花光積蓄怎麼辦？其實計畫提前退休的真正收穫並不只有更強的財務優勢，但社會卻告訴我們，「正確」的做法應該是工作到 65 歲，無論這說法是對或錯，偏離指定的軌道恐怕都讓人覺得分外危險。如果你也無法停止憂心忡忡的心情，害怕積蓄不夠後半輩子花用，忍不住思忖是否應該重新考慮，是否不應該離開職場，那你要做的是找出減輕焦慮的方法。

　　有些人會說大不了你可以重返職場，話說得輕鬆。曾經在大蕭條時期找不到工作的人想必都曉得，其實沒那麼簡單，更別說你最可能需要重返職場的時候，通常是股票低迷時期，而這種時候雇主通常不太需要新員工。另一個可能原因，就是你已經停職一段時間，很難自圓其說為何這麼久沒有工作，或是

已到了很難重回職場的年紀，所以就算日子難熬，不把重返職場當作唯一的解決方案也很合理。再者，為何要大費周章為了提前退休努力理財好幾年，最後還是得為了五斗米重回職場？與其如此，不妨升級你的計畫，加上一些額外的防護後盾，對抗可能降臨以及不可預期的財務挑戰。在本章，我們會帶你全面瞭解你可以採取的應急計畫，這樣就不必再擔心錢的問題。

##  多元化投資，減少風險

　　雖然經濟力量環環相扣，大蕭條時期也聯手重挫股票價格、房價、工作，但在許多案例裡，經濟力量往往逆向操作。像是股市低迷時，由於投資者會尋覓較穩定的資產來源，債券價值通常會提高。大都市房價上漲，有些小鎮和鄉村地區的房價會跟著下滑，這是因為居民離鄉背井，來到經濟機會較多的都會區。**你不能將過高的投資比重放在一個機關、資產類別或地理位置，才不至於讓所有生計都牽繫於一小塊經濟，所以你的魔術滾錢資產要多元化，無論是投資股市或房地產都是。**

　　如果你選擇投資指數型基金，那你已經找到你要的多元化。若你希望走更加多元的路線，可以放眼國際市場，投資整體國際股票和債券指數型基金，瓜分到一小塊全體國際市場，以確保投資保障完善，並在世界各地都有資本利他進帳，杜絕投資主力放在一個機關或國家所造成的損失。

如果你的投資策略主力是房地產，投資多元化也很有道理。投資房屋類型最好五花八門，有獨棟住宅，也要有社區大樓。你也可以在不同地段區域投資房地產，當地的就業市場最好多元，並且不過度依賴某一種大型雇主或產業。誠如我們在鐵鏽地帶（Rust Belt，傳統工業衰退的地區）數不清的小鎮和中型城市所見，要是工廠倒閉或產業外移，整體區域可能面臨嚴峻的經濟困境。你不會希望碰到長期找不到房客的窘境，也不希望在窮途末路時，發現房地產無法脫手。

##  分配資產，讓財產加速成長

想要當一個成功的投資人士，就要懂得接納一個似是而非的道理：看似安穩無虞的資產，像是儲蓄帳戶，長遠來看反而危險，因為儲蓄生息無法保障你的購買力。價值可能起伏漲跌、風險貌似較大的投資，例如：股票和股票指數型基金，長期下來反而可能是你最堅實的保護網，因為此類投資最具增值潛力。

所以自我保護有兩個方向：擁有債券等穩定資產，不讓自己成為浮動風險投資的受害者；投資時切勿太保守，免得錯失錢滾錢的機會，賺的錢不夠退休花用。而公式兩端達成平衡，就是資產分配的重要性。

老派的標準分配會建議用 100 減去你的年紀，以得出你投

資股票的資產比例。所以假設你現年 30 歲，股票就占了投資
的 70％，債券則是 30％。然而現代人越來越長壽，債券收益
降低，因此許多專家建議將起始數字改成 110，甚至 120。所
以假設你現年 30 歲，要是用這個公式計算，你的投資組合裡，
股票就應該占 80％～ 90％，債券則是 10％～ 20％。

　　比起高比例債券可能帶來的限制，高分配股票讓你的投資
組合更有機會在未來幾十年成長，不過你還是必須有低比例的
債券分配當緩衝後盾。

## 120 －年齡＝股票指數型基金的分配比例
### （想要保守一點，就是 110 －年齡）

　　話雖如此，在兩種情況下，不採取這種建議也很合理。首
先，如果你是投資新手，可能會對一口氣把這麼多資金投入股
票等浮動資產感到不安。金錢跟情緒息息相關，要是你需要一
段時間適應，直到培養出投資手感也無妨。要是這樣，可以暫
且考慮保守分配比例，輪流建立屬於你的現金、股票基金持
股、債券基金持股，可參考圖表 9.1：

圖表 9.1　初始投資分配

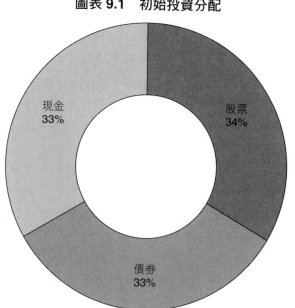

現金
33%

股票
34%

債券
33%

　　如果你想在未來 5 年退休，第二種情境就適合你。要是這個情況，不分年齡，除了現金緩衝外，稍微提高債券分配是合理做法，這樣一來你就能游刃有餘，要是退休不久就遇到報酬順序，就不至於得賣掉股票股份。

　　退休專員建議不分年齡，開始退休時應該要有足以負擔 2 ～ 3 年生活費的現金，最好是存在高利息的儲蓄帳戶。而現金緩衝很可能是你最後才存到的資金，由於這筆錢賺入的利息最低，所以最好把主力先放在可長期滾出魔術收入的資產。

　　但股票型基金和債券型基金組合完成後，可以把重點放在

現金分配，建議可用下列的比例分配退休：

**110－年齡＝股票比例**

**年齡－10 ＝債券和現金相加的比例**

最後，我要說的是沒有人人皆適用的方法，但一般以年齡為主的指導方針很有幫助，在為了目標衝刺時，不至於集中投資其中一方。有關安全提領率的三一研究發現，假設投資組合有至少 50％的股票，各種股票對上債券的分配組合，長期下來成果差別不大。若你想知道這個投資組合在你預設的完整退休期間是否夠用，那麼提領率就是很適當的預測值。在這裡也一樣，cFIREsim 等蒙地卡羅模擬器是非常實用的工具，可以用來檢測你是否走在成功正軌。再不然找一個認證理財規劃師，幫忙查看你的投資組合，提供其他看法，或許也是個好方法。

 ## 打造堅強的提取收益策略

除了在第 6 章講到的安全提領率（SWR），你還需要可以增加剩餘投資組合的提取（收益提取）策略，並能夠在提取收益後持續成長。退休經濟學者對這個區塊的鑽研遠遠低於你的想像，而退休專員卻厚著臉皮，信誓旦旦說他們什麼都懂，開開心心收下你的錢。從投資組合提取收益、支付生活開銷的方

法有好幾種，但其中幾種的成功率相對較高。

　　最保守的選擇就是只靠資產的股息和利息維生，避免出售股份。雖然這麼做可以保證不耗盡本金，卻不是理想的長期策略，因為經年累月下來，通貨膨脹會侵蝕你的購買力。第 4 章探討過，跟提取投資法相比，投資股息股票會迫使你累積超過個人需求的投資組合，所以你的工時會拖更長，也需要存更久的錢。然而退休後將帳戶從再投資股息改成股息兌現是很好的方法，因為股息所得會有稅金及健保保費的問題，所以換成現金流比較好。不管你採用的是哪種提取收益策略，先花用股息是必然的做法。

　　出售股份最簡單的策略（提取收益法）就是按持股比例出售：如果你的投資組合中，股票對債券的比例是 80 比 20，你可以出售 80% 股票型基金，20% 債券型基金獲得所需現金。然而戴羅・基爾帕特里克（Darrow Kirkpatrick）的分析卻顯示，最萬全的做法不是按比例脫手所持股票，而是利用 CAPE 中間指數，觀察股票和債券的表現。

　　經濟學家羅勃・席勒（Robert Schiller）發展出循環調整後本益比（CAPE），教投資人從收益判斷，股票和債券的估值何時過高或過低。CAPE 中間指數會告訴你，以長期平均值來看，哪一支股票或債券的表現優於市場報酬率。從投資帳戶提領收益時也要參考 CAPE 中間值，要是股票當前表現優於該數值，你就從股票型基金提取收益。要是股票表現目前低於 CAPE 中

間值，就從債券型基金提領。雖然聽起來很複雜，但這些複雜的數字都顯示在 CAPE 指數，所以你唯一需要知道的事就是，目前股票是否高於或低於這個數值，而你一眼就可分辨。你也能隨時上網查看當前的 CAPE 和長期 CAPE 中間值，本書「補充資源」裡列出的網站也是其中之一。

另一個思考方式就是股票價值最高時出售股票，股票表現最弱時出售債券。想要提領退休資金，原則上無論何時都應選擇出售最低額股份，這也是長期成長和保留本金最好的方法。

如果你的投資組合更複雜，不僅是挑幾個股票指數型基金的持股出售而已，就可以先參考 CAPE 中間值，分辨是否應該出售股票或債券，接著再脫手去年或前一季最高比例收益的股票或債券，一樣是販售最低額持股。CAPE 中間值法當然不是唯一可用來決定怎麼從投資組合提領收益的方法。然而要是你想要簡單明瞭，這方法就很好用。

不管是每年、每季或每月出售持股，都由你個人決定，但或許最好還是盡可能延後當年的最終提領，這樣才能算進股息和其他所得，搭配你在該納稅年準備轉到羅斯 IRA 的資金，然後算出你要提領的金額。很多提前退休人士都會為了留在某個稅金級別，或是為了避免增加健保保費，刻意優化所得，等到該年尾聲再做最終提領和羅斯供款的決定，就你的情況來說這種做法可能也很合理。

## 用對的方法縮減花費

　　如果你擔心錢不夠用，最好的方法就是節省。你不會希望你規劃的人生只是為了生存，無法在你覺得有意義的事物上花錢。不過你最好也能確定，在非必要之時，你也可以節省開銷。現在就來看你的開支計畫，問問自己：假設你需要一、兩年節省 10%，你應該怎麼做？如果真的需要大幅削減花費，約為 25%～30%，可以怎麼做？必要時刻，在不犧牲必要開銷如：住房、營養食品、醫療保健的前提下，你能削減的花費是哪些？提出詳細的開銷計畫，並且收進應變緊急文件夾，必要時取出來當備案。

　　我們先前也討論過順序風險。提前退休的前幾年，要是市場走向下跌或持平，你可以選擇限制開銷，確保退休前十年的尾聲，還有足以維持退休時期的錢可用。也有其他可行方案，像是兼職工作，股市動盪時期主要花用當下賺取的薪水，投資項目則不動用，但也要先考慮清楚，要是找不到工作可以怎麼做，這點很重要。

　　對多數人來說，想方設法將開支壓低至絕對最低值是未雨綢繆的做法，可是碧昂卡・迪瓦勒里歐（Bianca DiValerio）卻把這當成她提前退休的基石。儘管她單身、不具備大學學歷、幾年前幾間房屋虧損脫手，加上幾乎零存款，但她還是在四十歲初成功退休。她擔任空服員的薪資是 7 萬 5 千美元，但是

憑藉著積極經營副業、擔任狗褓母、重新翻修在二手拍賣網站 Craigslist 上購得的家具，碧昂卡存到不少錢。她縮減生活費，相較於大公寓，她選擇住在一房小公寓，而且還是房價與生活開銷相對較低的芝加哥地區，不是大家公認的富區。至於生活採買，她也盡量壓低開銷，只在折購商店 Aldi 和好市多（Costco）買菜。生活方式越簡約，需要的儲蓄就越少，碧昂卡活生生演繹這個道理。她的生活方式可能並非人人適用，但她深深相信，只要能獲得免工作的自由，不用為五斗米折腰，捨棄奢侈開銷是件很值得的事。

 ## 建立你的備用金庫

如果你擔心有天會花光積蓄，最好的解決方法就是建立自己的備用金庫，絕對必要的時刻就不至於窮途末路。當然你設定的目標應該是這一天永遠不會到來，不過知道自己有另一個備用財庫，就能提升你對退休計畫的信心。

對有殼族來說，最大的潛在附加資金可能是你的主要住家，如果你先前不確定如何搞定房事，下列討論或許能改變你的想法。如果你選擇一輩子租屋，甚至過著更克難的日子，像是住在露營車四處漂泊，你的內建備案就和有殼族不同。如果財務情況不看好，有殼族大可脫手房屋，利用這筆所得支撐一陣子生活開銷。這筆錢能維持多久，全要看你的房屋淨值、目

前該區的房市狀況，還有你的生活開銷。當然你還是得支付新住房費用，所以這也要算在公式裡。

就我們的例子來說，雖然我們買的房子價值遠遠低於銀行願意提供我們的房貸，我們還可以接受規模比這更小的房子，如果需要更多現款，我們甚至可以挑更小間的房子。由於房貸已經付清，因此我們百分之百擁有房產淨值，淨值亦可能增加。要是前景堪慮，我們可以賣出小房子，全天候住在露營車，或是搬到較便宜的鄉間地區，或是移居開銷較低的國家，因此我們把房子當作兩個層面的應急計畫，保證生活安然無恙。我絕對不會建議你只是為了應變計畫選住超過個人需求的大房子，但你**可以考慮是否縮小住家空間，或從理想的退休地點搬到生活開銷較低的地區，需要時就有更多資金運籌空間**。

有殼族的另一個選擇，就是在離職前考慮開設一個房屋淨值信用額度（HELOC）帳戶，但不要使用。HELOC 的審核過程很類似房貸申請，因此有穩定收入大有幫助，要是收入不間斷，維持信用額度也容易得多。如果你找得到低利率、低貸款手續費和管理費、沒有隱藏罰款的 HELOC 方案，或許值得開一個信用額度帳戶，當作你的備用方案。

對房東來說，出租房屋是固有的資本來源，急用現金或許可以出售，但也可能面臨諸多限制。許多郡縣和自治市的法規會嚴懲重罰為求出售房屋而踢走房客的房東，或是要求新買家支付這筆罰金，而這一點可能嚇跑買家。如果你過去 2 ～ 5 年

間不住在出售房屋裡，就需要依照你的邊際稅率，支付房屋增值的全額資本收益稅。要是真的很缺錢，出售一、兩戶房屋可能是最佳的解決之道，只是要先摸索清楚你個人情況可能面臨的後果。

雖然在最需要的時候回去做全職工作或許不可行，但也不是沒有其他賺錢術。盡可能保有一項維生技能，儘管只是兼職工作也無妨，需要時就不怕沒錢賺。另外，也隨時留意可能影響到職涯的業界流行風向。我當然還是希望你不會動用到這份備案，但若有需要，知道可以從哪裡著手還是比較好，而不是不確定怎麼回到就業市場或零工經濟，就開始亂槍打鳥。

最後兩個最好別碰卻還是要記得的資本備案，就是羅斯帳戶資金和社會福利金。別忘了你不須付罰金，便可隨時提領羅斯帳戶供款，5 年等候期期滿後，不用繳罰金便可提領出羅斯轉存供款（年滿 59.5 歲、帳戶開立滿 5 年即可提領）。所以即使你規劃的是兩段式退休，59.5 歲前不碰稅收優惠帳戶，但若可以，或許立刻把部分資金轉入羅斯 IRA，當作額外補充的緊急資金，也是不錯的選擇。在理想狀況下，就社會福利的現狀來看，你大可不用靠社會福利金度過退休生活，但若是當作緊急計畫，而你也已屆可以申請社會福利的年齡，目前又正好缺錢，可以考慮近期花用其他財庫的錢，並在年滿這幾年，轉以社會福利金當作生活水準的保障。但在掏空積蓄前，請先看看是否有其他選擇，例如：兼職工作。

## 續保適合你的保險

　　保險雖然無法擔保你永遠不會荷包大失血,提前退休之後有適合的保險,便可預防最惡劣的財務情況發生在你身上。我們深入探討過續保優質健康保險的重要性。根據美國家庭聯盟（Families USA）,三分之二醫療破產的受害人都擁有健康保險,這個數字反映出平價醫療法案的通過,造成保險人數增加的情形。這個提醒很重要,不只告訴你要續保,更應該維持可靠的保險保障,享受廣泛的理賠範圍,以及理論上每年都負擔得起的合理自費上限。要是支付某個保險的自費上限,幾年下來會危及提前退休的財庫,還是找一個上限費較低的保險方案比較好。

　　財產保險是另一個不可或缺的方案。保險形式必須依你的居住情況而定。如果你是自己買房,屋主保險的理賠範圍一定要涵括所有常見事項及居住地區的常見天災。舉個例子,我們住在加州的野火和地震高風險區,所以這兩樣天災都有保險。法律規定,如果你住在加州,地震的自付額可是普通災難的好幾倍,要是地震摧毀你的家,你至少得掏出 2 萬美元的費用。如果你的居住地區有水災風險,萬萬不可省略水災保險。近年來在諸多發生水患的地區,有八成以上的屋主沒有水災保險。水災保險或許價格不菲,但比起失去全部的房屋投資、從零開始,還是便宜得多。如果你全年租用露營車,一定要有妥當的

租賃或露營車保險,保障所有個人物品。不管是哪種狀況,你的財產保險會承擔責任,這樣一來就算有人在你家裡或周遭受傷,打算對你提告,也不至於害你傾家蕩產。

如果你的提前退休計畫累積一筆可觀資產,將近 100 萬美元或超過此金額,保險清單裡加一份傘式保險是聰明做法。面臨法律訴訟和索賠時,傘式保險就是一張附加責任防護網。資料顯示,高淨值者遭逢訴訟的比例高過資產微薄的人。如果你的財產已有責任保護,每年只要付個幾百美元,就可獲得 100 萬美元的保障。最棒的是,由於保險公司不想要支付一毛錢,你支付的其實是他們的法律辯護費,傘式保險很值得。

有些你希望續保一段期間,或是適用你個人狀況的保險包括:失能所得保險、定期人壽保險、長期護理保險。你的雇主或許會提供上述保險,如果你工作的時候需要撫養家人,就請好好利用雇主提供的低收費保險,至少工作那幾年不要錯過。提前退休後,你很可能要自己買保險。這時你已經存到足以供養他人和自己的錢,也已經不需要這些保單,尤其是失能所得保險和定期人壽保險。

就我們兩人來說,我們在二十幾歲時買了三十年期的定期人壽保險,也會持續繳交保費,繳到五十幾歲保單過期便不再續保。但由於我們已經沒有就業所得,所以沒有附加失能所得保險。至於長期護理保險是否適合你,就要看你的居住地區和生活方式。美國老年醫療保險幾乎不負擔護理之家和康復中心

等機構的長期看護費用，但在居家照護方面倒是大方許多。如果你有自己的家，設備齊全，而你需要坐輪椅或待在病床上，也可以選擇待在家，或是應個人需求翻新房屋，這樣一來若真有需要，就不必支付長期護理保險，改為居家照護即可。

　　然而若你是長租客、全職旅人或全天候露營車族，居無定所，沒有辦法翻新房屋，那也可以依照需求改買長期護理保險，這樣你就曉得，晚年若需要護理居家照顧，你就安穩妥當了。購買長期護理保險的年齡越輕，保費就越低，但和定期人壽保險等其他類型的保險相比，福利額度可能會改變。所以認真搜尋、每年關注保單的變動，對你有利無害。

 ## 做好最壞打算

　　相信任何一對夫妻都不想預先規劃這一步，但是離婚並非罕見現象。即使和嬰兒潮世代的人相比，X 世代和千禧世代的同齡夫妻離婚率較低，仍有超過三分之一的婚姻最後以離婚收場。若你和另一半策劃提前退休的魔術數字，最後要是兩人分別帶著 50％ 步出婚姻（假設兩人平分，這有可能是你的狀況，也可能不是），這個魔術數字可能無法讓你繼續過不被工作綁住的人生，所以千萬別不好意思談離婚的可能性，討論離婚並不代表真的會離婚。

　　問問自己：要是你決定終止這場婚姻，財務該如何分配？

要是稍微拉高魔術數字，兩人是否比較安心？要是到頭來必須分配資產，可以確保兩人生活無虞嗎？如果有孩子，你們打算怎麼養育小孩？你是否能夠維持兼職副業，當作一般的應急策略，這樣就隨時擁有可以累積的收入？要是不幸離婚，兼職還能享受到重返職場的附加好處？一開始計畫魔術數字時，我和馬克規劃的方向不是財務獨立，而是財務依賴。但幸虧我們運氣好，碰上對的市場時機，所以多存到一筆。即使最後五五對分資產，兩人的儲蓄仍然綽綽有餘。

後來想想，真希望當初規劃多存一筆錢，但無論如何，這就好比我們不想為了五斗米繼續做一份不喜歡的工作，我們也不希望只是為了財產而繼續在一起，光想到我們不用這樣勉強自己，不禁感到安慰。雖然這種邏輯聽起來很不浪漫，但我認為其實正好相反。因為我們知道在一起完全是出於自己的選擇，金錢完全無法逼我們相愛。這簡直浪漫到不行，而且也證明了兩人之間的愛，不是嗎？

 ## 打造你的財產計畫

如果你有另一半、孩子或任何你希望辭世後可以繼承資產的人，就要盡快安排完美無缺的財產計畫。根據你所在地的法律，另一半能否直接動用你的帳戶，不見得絕無爭議，尤其要是你上一段婚姻有孩子，或是有其他可能引發法律問題的情

況。一定要安排好一份遺囑和一份持久授權書，清楚列出個人
意願，並考慮加上一份醫療照護事前指示，以簡化代表本人意
願的保健照護決策。你可以利用 Nolo 或 LegalZoom 等具有信
譽又價格合理的線上服務，準備以上文件。

　　如果你想要找財產律師，要小心對方可能硬性推銷，索取
附加費用。理財專家會說，大多情況下你不需要生前信託，因
此堅稱你絕對需要生前信託的財產律師，其實只是想揩你的
油。要是這樣，不如重找律師吧。即使你沒有子孫，還是覺得
有必要留下一筆公益慈善的遺產，那麼財產規劃也很重要。寫
好遺囑，仔細說明你希望怎麼分配繼承資產，更新所有財產和
保險帳戶的受益人，表明你希望由誰收下這筆資金。

##  在必要時刻減少保健照護費用

　　保健照護費用上升的速度比通貨膨脹還要快。政客為了保
健相關的議題，吵到天昏地暗，健康保險又有許多不定性，但
如果你瞭解現行制度規則，水深火熱之時勢必能夠壓低保健照
護費用。只要平價醫療法案（ACA）仍在實行，你就可能逆
向操作，將所得保留在特定限制底線內，合法低價享用優質保
健。ACA 並未限制每年保費，卻有規定你可用在保險保費的所
得百分比，因此你的所得越低，自付保健費用也越低。舉個例
子，假設你可以彈性選擇要出售的指數型基金股份，即使碰到

報酬順序慘澹或其他艱辛時期，你也不用怕沒有應變計畫，抵擋節節高升的醫療保健費用。

若你想要為了保健計畫優化所得，有一個理想的甜蜜點，那就是讓修改調整後總收入（MAGI，亦即減去 IRA 或非羅斯退休帳戶的全新供款的所有應稅所得）稍微落在居住州和家庭規模的州醫療補助合格門檻之上，這數字在大多州占了聯邦貧窮標線（FPL）的 138％。2018 年，個人的 FPL 是 1 萬 2,140 美元，伴侶或兩人小家庭則是 1 萬 6,460 美元，四人家庭為 2 萬 5,100 美元，八人家庭是 4 萬 2,380 美元，一般會逐年往上調整（阿拉斯加和夏威夷的標線較高）。

舉個例子，就四口家庭來說，MAGI 要盡量接近 3 萬 4,638 美元（以 2018 年來說，等於是 FPL 的 138％），不能低於這個數字，這樣你就不在獲得州醫療補助的範圍內（若在沒有擴增州醫療補助的州，就是零健康覆蓋），並且有資格以超低價享用 ACA 進階計畫。補助最高計畫有時也叫作進階銀級計畫，可負擔高達 93％的費用，你每月只須支付幾美元的保費，就能享受到私人保險公司等級的正常完善健保。

雖然所得等級聽起來可能很低，但還是要根據你的狀況而定，記得並不是所有提前退休的必要開銷都算在 MAGI 裡，因為並非所有都是全新所得。投資的股息算是所得，扣除費用後的租金也算所得，另外就是真正的工作所得。若是出售股票或債券的股份，唯獨收益是所得，而所謂的收益是指你當初購買

的金額加上現在的股份價值。要看你的投資組合增長多少，你的收益可能不占太高的投資組合比例，因此你或許能夠提領一大筆錢，卻不至於提高太多應稅所得和 MAGI。此外，羅斯帳戶的供款不算是需要繳納稅務和健保的所得，但後來的羅斯轉存資金則是。如果你的所得可算進這個範疇，或許不需要支付多少所得稅。趁每年 12 月納稅年度和健保開放申請結束前，計算得出你的所得總額，勞動和非勞動所得都要算在內，最後決定你的保健和稅金門檻目標下是否還有空間，可以出售額外股份或進行羅斯轉存，並且依據你的狀況進行。

 ## 理財發展不落人後

　　備妥免工作投資組合的資金、也算出你每年可以安心花多少錢後，千萬不要停擺，繼續追蹤最新的提前退休分析、投資表現、全新崛起的致富策略，所有本書提到的策略都可能助你一臂之力，成功致富。但改革派肯定能找到方法，讓你可以稍微提高花用額度，提升你的生活品質，同時為了下半場人生延續投資組合。最好的投資選擇日後也有可能改變，要是真的改變，你非知道不可。

## 萬無一失的規劃檢查清單

☐ 確定長期成長和風險管理的資產分配。

☐ 決定你打算使用的提領策略。

☐ 打造基礎預算，找出必要時刻可以幫你裁減費用的方法。

☐ 確定備案資本來源。

☐ 確保保險強而有力，並且符合你個人的情況。

☐ 策劃財產計畫。

☐ 如果你有伴侶，討論離婚或分居後的安排。

☐ 必要時該怎麼讓所得發揮最高效益、降低醫療保健費用。

☐ 隨時追蹤可能影響退休帳戶、提領策略等的最新理財分析。

PART 3

# 不被工作綁住的
# 美好人生

時間快轉到你已經可以拍胸脯說你終於達到目標的那一天。

你成功實現屬於你的提前退休，

無論是什麼樣的退休之路，

你已經準備好踏上嶄新的人生。

現在就讓我們討論幾個保證讓你實踐夢想新生活的實際步驟。

# 第10章
# 放手去做

人生就是探索到知識的懸崖，然後縱身一躍，放膽去做。

——D.H. 勞倫斯，作家

2017 年 12 月 29 日，是我人生新篇章的第一天。早晨起床後，我用不著趕著去哪裡，日曆上既沒有標註電話會議，也沒有緊急待辦事項。儘管我們為了這一天計畫已久，我也一直在部落格記錄提前退休的進度，但還是需要一段時間消化，感受到自己真正「退休」了。一方面是因為適應轉變很需要時間，更別說「退休」兩個字實在太像是六、七旬老人的專利，可是那一天我記憶猶新。我忽然驚覺我再也不用去上班，接著心想：這下總算有退休的感覺了。我和馬克猛力踩著登山越野車，穿梭在台灣花蓮太魯閣的羊腸小徑，這是一座壯闊白色大理石峽谷，尚待西方人挖掘的瑰寶。我們盡所能避開觀光巴士，一邊騎著單車，一邊飽覽絕美風光。

這天是週一，但我們根本不曉得美國幾點鐘，既沒有手機信號，也沒有無線網路。這是這麼多年來我們頭一遭覺得不用

隨時查看電話，只需要好整以暇，完全活在當下。我心想：這就是我要的退休生活。

我就是在那一天恍然大悟。自那一刻起，我發現自己再也不必非得經歷偉大冒險，才有退休的感覺。我不用在南法石屋、台灣峽谷，或是內華達山脈 4 千 2 百公尺高峰，只要幾乎天天睡滿 8 個鐘頭，就有退休的感覺。當我不用帶手機出門，或好幾個鐘頭都不用查看手機，退休就很有感。甚至即使在做類似工作的事，因為我知道這是我自己選擇的工作，也讓我很有退休的感覺（放下原定工作跑去滑雪或和朋友見面，當然還是最有退休感）。

這是因為我們在脫離工作限制的頭幾個月發現到，**退休本身的意義並非不再為社會貢獻，跟是否有工作也無關，而是一種可以掌控自我時間、決定個人生活重心和焦點的自由**。而這種自由的感受遠遠超乎我的預期。

本章將快轉到退休實現的這一刻。你現在儲蓄了一段時間，金錢觀和人生觀不同了，你已經做出重大改變，恭喜你！你真的要退休了！那接下來要做什麼？我們來討論一下從按照工作節奏生活，走向自我步調的人生，感覺到可以掌控自我人生的自由。我們先從組織開始，讓你為了這場驚天動地的改變做好萬全準備。

## 準備離職

　　無論你是要離職、換成兼職工作,或是事業中斷,都要先深思熟慮你的時間點與進行方式,以及通知公司的時機。第一個問題就是時間點。想一下有沒有你希望考慮離職的時間點,像是拿到年終獎金或 401(k) 配比方案的時候?我和馬克一直規劃同一天離職,但最後我得多工作幾天,才能符合公司的401(k) 配比方案。雖然他比我提早幾天享受到起床後不用趕去上班的日子,我們有點失望,但為了幾千美元的配比方案多工作幾天也不為過,更何況最後我們幾乎同時退休。

　　在計畫離職日期前,務必先考慮財務層面,尤其要是你有充分理由相信,公司若知道你要離職,就可能不發獎金給你。即使依舊留在老東家,只是轉成兼職,但兼職的福利通常也比較少,所以有必要認真思考不再是全職員工後的潛在損失,決定你的離職時機時,這一點也不要忘記。

　　此外你可能還要考量其他個人因素,或對你具有意義的事業成就。也許你想親眼看見長期投入的工作案完成,也許你希望目睹某個你用心提攜的後輩升職。如果你有孩子,或許會希望離職正好是學期末,這樣就能陪孩子過暑假。抑或你可能打算在春天退休,這樣退休的前幾週和幾個月就有很多外出走走的機會,而不是被困在屋內,讓這段轉換期更順暢。最後一天的工作日可以依照幾個個人和財務要素安排,所以問問自己,

以你個人的狀況來說，哪個時候離職最好。

如果你有伴侶，離職前先和對方聊聊。退休時間有落差，可能會造成氣氛緊張。除此之外，要是選在不同時間離職，其中一人可能要在缺乏他人支持與陪伴的情況下經歷人生的重大轉變。一定要在向公司宣布離職前，考量清楚時間點。

提出離職通知前一年左右，留意是否有自願離職計畫或提前退休方案。通常一定是和同一位老闆合作一段期間，才能享受到這類方案福利，但也不是一定有。就算你還沒存到魔術數字，自願離職計畫的誘人數字可能已夠推動你衝破目標。

另外，若你有雇主提供的健康保險，全職工作的最後一年就是你利用醫療保健的大好時機。就當作是預防保養身體吧，雇主加保提供的保健服務可能比外面購買的健保計畫更慷慨，所以趁你還能享受時，好好檢查一遍身體，釐清健康狀態。要是有過去找不出解答、暫時擱置不管的醫療疑難，傳統就業的最後一年就是大好時機，當個保健偵探，揪出你要的解答。我和馬克在工作最後一年的年初，分別找過好幾個專科醫師，接受幾項醫師推薦的檢測和疫苗，同樣的保健服務在離職後就會變貴。這也很可能是你最後一次享受牙齒或視力診療補助，所以不要浪費你應享的福利。由於心知肚明之後再也不可能這麼便宜，離職前我重新補了幾顆牙，我和馬克都做了畢生最透徹的眼科檢查。

最後，如果你是傳統受雇員工，便需要決定預留多少時間

給老闆，通知對方你離職後的人生方向。我們認識的人之中，有幾個人向雇主宣布離職時，並沒有向對方說明他們是準備提前退休，只說他們是為了忙其他重要的事而離職。這個說法我懂，卻覺得並不妥當。用這個理由離職可能在暗示對方你在公司工作得不開心，最後離開時可能在對方心底留下不好的印象。但要是因為提前退休而離職、進入人生下一篇章，感覺是一件值得慶祝的事，較不讓人覺得是因為老闆的問題或你內心有什麼不滿。用這種說法離職能讓你帶著正面形象完美離場，況且要是改變心意，決定回頭工作，這扇機會的大門可能依然為你敞開。

話說回來，離職通知是依照你在公司的年資而定，但我不建議太早講。3 個月應該是上限，超過 3 個月的話，很容易在工作時覺得自己無用武之地，可能有種自己很多餘的感受，不再享受上班。假設你要退休，接下來沒有急切的事要做，給對方 2 週以上算是尊重，拿捏最平衡的時間則是介於 4～8 週。

如果你希望不再全職工作，卻繼續在老東家擔任兼職或擔任顧問，可能多給對方一點時間比較好，與對方協調全新的工作時間和內容。正如同要求加薪或升職一樣，帶著萬全準備去找老闆，提出強而有力的理由，向對方解釋，為何他們應該批准你的全新時程，要是對方拒絕也要有備案。要求轉成兼職工作可能讓你不得不供出你的長期計畫，要是如此，在存夠錢之前小心別說太多你的計畫。當然要是在你的工作環境裡，減時

工作已經司空見慣，那麼要求轉任兼職可能沒什麼大不了，安排起來也不太費力。

如果你規劃的是事業中斷，希望保留未來回鍋老東家的機會，那麼通知雇主時的態度就特別需要積極正面，並完成你最後幾週的交接工作。交付品質完美的工作、和同事合作無間、主動詢問離職前可以幫忙什麼，並與其他可能受惠的同事分享你的工作知識。最後甚至可能變成雇主太想留下你，而情願提供你正式休假福利的情況。通常是無薪制，不過你的名字仍保留在公司名單裡，而你也曉得自己一年半載後可能再回到同一個職位上班。要是這種情況，不妨詢問老闆你是否可用低於 COBRA 的費率，續保公司的健康保險計畫、持續認股，或維持工作福利。

如果你自己就是老闆，退位前也要處理好幾個問題，先從通知客戶、顧客、員工開始。全視他們有多依賴你而定，你可能數個月甚至幾年前就要知會他們，不然預留幾週時間可能也行。如果你希望減少待在公司的時間，讓公司在沒有你的情況下照常營運，那麼你就需要時間，找到頂替你的人選。如果你希望賣掉公司，應該在離職前幾年就開始打聽消息。你是最清楚公司大小狀況的人，所以把這些都規劃在你的時間軸裡。

無論你選的是哪一種退休模式，若有人想幫你辦場告別派對，不妨欣然接受。研究顯示，慶祝人生重要時刻的人通常收穫滿滿，最明顯的就是未來回想起來，你能確定地說自己是

工作團隊重要的一分子。不慶祝或覺得沒人發現便默默離開的人，日後可能會常感到忿忿不平。[1] 雖然一旦發出離職通知，你對公司就不那麼舉足輕重，這也是沒辦法的事，不如接受眾人為你開心的興奮感，留下這寶貴的一刻。如果你的公司不太喜歡在內部舉辦派對，可以自行舉辦派對，並且邀請你的團隊或同事參加。以下是退休前的待辦工作清單：

- 選擇你要通知客戶和員工的離職時機。
- 決定最後工作日。
- 策劃歡送自己的方式：退休派對、歡送午宴等。
- 決定好你未來想要保持聯繫的合作對象。
- 趁現在盡量享受預防性保健服務，處理你一直沒正面解決的健康問題。
- 若有需要，好好享用牙齒或視力保健補助。
- 決定你之後要加入的健康保險。
- 要是你的退休計畫裡有捐贈人服務基金，可以考慮存入金額。
- 拍板定案你的提領策略。
- 補充現金帳戶。
- 要是房屋淨值信用額度是你的應變計畫之一，可以考慮申請帳戶。
- 趁還有固定薪水時，處理其他昂貴開銷，像是寵物照護或居家修繕。

- 準備轉為自雇者的半退休人士，可以開始打造新創事業的根基，待一離職，嶄新事業即可起飛。
- 如果你的退休重點是旅行，開始為第一趟大型旅行預訂機票住宿。
- 規劃離職的慶祝會！

 **功成身退**

我和馬克飛回工作地點哥倫比亞華盛頓特區，完成最後一週的工作交接，與最親密的戰友慶祝離職，職業生涯就此落幕。我們已經為了這一刻策劃多年，然而這一天真正到來時，依舊教人措手不及。但我們幾個月前已經決定，完成最後幾天的工作後不要立刻搭機回家，這樣會很像平時剛結束出差、準備回家。工作結束後那一晚，我們開車到維吉尼亞州鄉下，馬克的大學室友在當地有一座小型有機葡萄酒莊，然後在餅乾桶（Cracker Barrel）餐廳享用慶祝晚餐。這頓晚餐真的樸實到不行，但這不是重點。真正的重點是那個晚上、那個週末、下一週，甚至是今後的每一天，我們都不用再像有強迫症似的查看電子郵件。電話會議的等候鈴聲也不再是我們人生的配樂，我們再也不用為了週末玩得太開心、耽擱工作，而深感壓力。

終於，我們功成身退了！坐在餐廳戶外搖椅上的感覺實在太美妙。我們知道在搖椅上悠閒度日不會是我們的退休人生，

但對我們來說，這卻是轉變的開始。接著我們和朋友共度了一個微醺的週末，又馬不停蹄飛到紐奧良玩了幾天。5 天後我們回到家，工作早已拋諸腦後，正如我們的計畫。接著我仍得為了 401(k) 配比方案遠距工作 2 天，但那幾天對我構不成影響，我的心理已經出現變化。

話題回到你身上。你全職就業的最後一天已經降臨，該是展開下一場冒險的時候了。你離開了傳統職場，當然也已經慶祝過了，接下來別忘記處理下列事項：

- 確認健康保險無縫接軌。你可以立刻申請 ACA 計畫，或展開前任雇主的 COBRA 計畫。離職後會有一段申請新保險的報名期，不過動作越快越好。若已經確定離職日期，可以在正式離職前先申請新保險，盡早著手。

- 如果你使用的是公司提供的電話或電腦，可能會需要換一台新機。找尋不用簽約的低價服務，尤其是無線上網為主的手機門號方案，費用只需要傳統方案的一部分。

- 重新考量居家科技需求。假設你之前是在家工作，日後可能不需要市內電話，或是不需要快速網路，依照需求適當調整即可。

- 找到取代你先前透過公司申請、未來仍需要的額外保險，例如：定期人壽保險。

- 從經紀帳戶提取第一個月或第一季的資金，要是你運用

收益提取的投資策略，請留意資本收益會落在哪個納稅年，並且會對你的所得稅造成何等影響。

• 若需要維持薪水入帳，建立你的現金流系統，保障固定薪資。你可開一個全新的活期存款帳戶，出售股份或收到租金時，就把這當作你的持有股份帳戶，然後將每月開銷經費自動轉帳到一般的活期儲蓄帳戶，保持持續收到薪水的感覺。你可以開另一個活期儲蓄帳戶，存放已知大型開銷，例如：財產稅、季所得稅、汽車保險。

• 繼續追蹤你的開銷動態。

以上任務不用即刻著手，但下列事項要在離職後盡快優先處理：

• 決定是否將你的 401(k) 或另一個雇主贊助計畫滾存至 IRA。如果你的雇主計畫手續費和費用比率低，而你也滿意該計畫提供的基金，就沒必要轉移基金。但要是可以爭取到更低手續費或更優質的基金選擇，可以直接滾存至 IRA 帳戶，避免長期支付高手續費。一定要從你的舊計畫直接滾存至新經紀帳戶，否則會逃不出預扣所得稅和陷阱圈套。請注意，一旦你離開雇主贊助的 401(k)，就無法回頭，所以改變前務必審慎考慮你的選項。也別忘了如果你的 401(k) 或 403(b) 有一部分是稅前

美金，一部分是稅後美金，最好把稅前資金滾存至傳統
IRA，稅後資金則滾存至羅斯 IRA。

- 如果你想要套用羅斯轉存策略，現在就開始吧，日曆年
  結束前皆可轉。但即使你不將所有當年欲轉的資金一併
  轉移過去，很多經紀公司仍會要求你幾個月前先開立新
  帳戶。

- 評估你離職後的開支是否正如預期，還是較高或較低。
  如果比較低，很好！好好享受預算的寬裕空間。要是比
  較高，檢視一下不小心花了什麼錢，也可以開始擬定戰
  略，多賺一點錢補貼超支費用。

- 評估你的提前退休所得是否得繳交政府所得稅，因此需
  要支付每季預估稅。第一筆每季預估稅的繳交期是 4 月
  的納稅日，要是繳付不足會被收罰金。請參考本書補充
  資料，查詢有關聯邦每季預估稅的資訊，要是需要繳
  交，請詢問當地稅務機關。

 ## 停下工作腳步後的緩衝期

除了上述的待辦清單外，由於現在你正處於人生的地殼變
動期，所以照顧好自己很重要。多給自己一點緩衝期，釋放陳
年累積的工作壓力。依據完全退休、減少工作量，或是暫時離
開工作的個人情況調整緩衝期，但要找時間補充睡眠，安排大

量空檔，整日無所事事，專心休息放鬆。很多提前退休人士說他們少說需要六個月至一年，才能償還睡眠債，培養全新的生活規律，所以這段時間要安排長一點。這也是你利用象徵性提示宣布自己某個人生篇章終結，進入另一個新章節的好時機。

　　像我就在發出離職通知後，把本來低調的鼻針換成顯眼的鼻環，並把頭髮染成紫色，這些都是我在衝刺事業時不敢做的事。**你的舉動不必是外顯的，這不是要做給別人看的，而是為自己而做。**也許你可以把全部套裝和工作服捐給非營利組織「穿出成功」（Dress for Success）或是 Goodwill 慈善機構，或是脫手你已經不需要的汽車，再不然你也可以在床上跳個幾分鐘，讓自己知道你現在總算可以重溫童年的美好回憶。任何你想像得到可以迎接這場轉變的做法，就是你的解答。

　　有一個大規模調查探究經歷退休轉變期的人，而社會學家羅伯特・S・韋斯在他的著作《退休經驗談》（*The Experience of Retirement*）中為該調查下了總結。由於這份調查不分年齡，因此與提前退休人士存在直接關係。韋斯發現退休會帶來真實的失落感，最顯著表現在社群、生活架構、個人認同上。同時他發現，大多人的收穫遠遠超過失落，揮別工作壓力與義務後、多出個人時間的自由就是最大收穫。除此之外，很多人認為工作壓力害他們成為失敗的家長和伴侶，少了工作壓力後，他們就更能陪伴和支持家人。

　　儘管你可能興奮到沖昏頭，然而不管是哪種退休形式，都

可能讓人感到壓力，畢竟退休是重大的人生事件。所以感到憂傷，甚至為失去事業或事業認同哀悼，都是很正常的情緒，但這些感受也不至於要讓你快樂不起來。給這兩種情緒充裕空間，想要慶祝就慶祝吧！你剛完成一件不得了的事，不可置信的飄飄然感受可能會維持一陣子，只管享受就是了。

你暫時面臨的問題當中，最嚴重的可能是你能否在沒有時間架構的環境裡過一個精彩的生活，或是你真的需要某一種生活架構。**這非常有可能是你有生以來，第一次沒人告訴你何時該做什麼、去哪裡。就某些人而言，沒有架構很美妙，你總算有了重新認識自己的時間。**然而對其他人來說，缺乏架構卻帶來一種漫無目的的感受，只是渾沌度日。韋斯的研究也指出，除了生活架構外，許多退休人士發現他們很懷念工作加諸在他們身上的紀律與約束。

他形容：「可以無所不做的自由，除了有無所事事的自由，也有維持忙碌生活的自由。」在那一瞬間，一整天躺在沙發或床上發呆，而不是一一完成需要做的事，變得何其容易。你再也不必趕著去哪裡，再也沒有人來檢查你是否按部就班做事，而這兩點都可能讓你有股漫無目的、四處飄蕩的感受。如果你發現自己有這種感受，這只是一種信號，**要你培養過去你並不需要的自我紀律，就像設定自動投資一樣，你現在也要為自己創造一套生活系統。**

沒有絕對的對與錯，只要專注於你覺得對的事就好。回

到我們在 Part 1 所做的練習題，提醒自己完美的一天應該怎麼過。你是否不用人催促，就會自動去做完美的一天該做的事？抑或你需要別人將你踹下沙發，才會心甘情願動起來？需要架構或有人推你一把都沒有錯，要是發現你真的需要，可以考慮安排一系列活動或簡略勾勒框架，規劃某幾天要做哪些事。或是用激勵方案打造架構。例如：要是完成任務，晚餐後就能吃冰淇淋。實驗看看哪種架構或激勵方案有幫助，而且不會侷限你，讓你做不了每天想做的事

如果你有另一半，這個解毒期可能也是重燃愛火的大好時機，特別是我們都知道工作對感情具有殺傷力。**為彼此排出空檔，這段期間充足溝通，可以在卸除工作壓力後、調整嶄新生活步調的過程，聊聊兩人內心的感受。**一份研究發現，伴侶退休後第一、兩年，吵架次數往往會增加，但日後會漸入佳境，低於工作時的吵架次數。[2]預想並且大方坦承這場人生轉變可能會對兩人帶來正面與負面感受，如此一來，處理兩人暫時的衝突就會變得容易。你可能發現你有新的需求或不同喜好，也可能是其中一人失去架構後會渴望架構，另一人則是沒有也可以活得很開心。或是你可能發覺，其中一人比另一人需要獨處或外出時間。

適應這段轉變期時，兩人的需求應該達到同步，一起開心建立新的共同慣例，其中幾項嶄新的生活慣例，應該要保證兩人增加交流機會。挪出夫妻倆的專屬時間，每週幾晚一起約

會，或規定幾晚不和別人講電話。不要當同床異夢的夫妻檔，務必時常交流想法。

如果你有孩子，可能不禁納悶，要是你不再需要整天工作，該如何說服孩子，培養出強烈的工作道德。要是你以為每天上班就能教孩子努力拚搏的重要性，那你真的大錯特錯。每天回到家都瘋狂抱怨工作的家長，才會在孩子心底植下錯誤觀念的種子，讓他們以為工作是一件吃力不討好的事，不值得盡心盡力。所以要是你很愛抱怨，光是停止抱怨就能帶來正面效應。但你也可以利用失而復得的空閒時間，當孩子的行為楷模，教他們在社會上積極活躍，或是精進自我，盡力做好自己的分內工作，同時鼓勵支持他們的在校表現，這樣一來，即便你已經遠離傳統就業，也能當值得他們效法的強大楷模。

你可能馬上就想開始列退休後的待辦清單，但千萬不要著急。前幾個月的重點還是放鬆休息，然後慢慢逐次加幾種活動或任務，即使空閒時間多，還是很容易又忙到不可開交，所以不要一口氣急著開始新事物。

如果你選的是事業中斷，建議可將空閒時間分成好幾個區塊。給自己 2 週時間放空，什麼都不做，唯一要做的就是補眠和放鬆。接著用 2 週時間一一完成待辦任務，然後踏上規劃好的冒險，並在玩樂或舟車勞頓之間預留時間，休息放鬆。你會希望帶著滿滿元氣和幹勁回到職場，而不是精疲力竭，累得像條狗似地回到工作崗位。跟完全退休一樣，要將充分放鬆當作

最重要的任務。

　　脫離工作限制前的幾週和幾個月是你重新認識自己的好時機。在退休前，我們的時間幾乎都被排滿了，不是上學就是工作，再不然可能是養兒育女、照顧親人。一旦擁有空閒時間，可能展露出連自己都不為所知的全新面貌，而你現在終於有時間可以好好認識這個人了。

**其他可以考慮的退休待辦事項：**

☐ 不再設定鬧鐘。

☐ 臥室裡完全不要有電話等設備，能停止不好的科技習慣。

☐ 要是你曾在家工作，重新粉刷、改造原本的辦公空間，變成居家的一部分。

☐ 出售或捐贈已經不需要的工作服。

☐ 和伴侶安排約會之夜，即使只是出門散步都好，彼此分享轉變期的感受。

☐ 充飽睡眠後，計畫一場旅行或冒險。

☐ 用個人舉動象徵展開新人生篇章。

# 第 11 章
# 將自己排在第一順位

健康心態就像傳染病，但千萬別傻傻等著別人傳染給你，請當
自己的帶原者。

——湯姆·史塔帕（Tom Stoppard），劇作家

　　最後工作的那幾年，我和馬克的健康都受壓力拖累。我常常偏頭痛、長期背痛，馬克的自體免疫性疾病更是經常發作，本來可以從事的活動後來都不得不中斷，醫藥費又貴。我們心知肚明，離職對我們的健康有好處，我們卻不小心掉進一種思維，以為只要工作壓力不再，就能立刻不藥而癒。

　　雖然卸除工作壓力對我們確實有好處，但我們很快就意識到，我們必須保持積極活動，才能在提前退休和後續的傳統退休生活維繫健康。坦白說要是哪裡都不用去，確實很容易發懶（尤其要是你家沙發跟我們一樣又大又舒服，還累積了好幾年的網飛電視節目）。**提早退休不會讓你主動去做對健康有益的事、逆轉壞習慣、跳下沙發。你還是得靠自己努力，才能活出夢想人生。你可以自己決定，把身心靈健康當作最重要的事，**

實踐你的美好人生，這就是最棒的一件事。

 ## 生活型態更健康

　　將身體健康排在第一順位是絕對值得的。現在你多出大把時間，大多人面臨的工作壓力已經離你而去（若能現在就開始重視健康，而不是等到脫離工作限制才做，當然更好）。還有一個要照顧的健康層面，那就是心靈精神的健康。對你而言，這可能來自宗教，也可能是和他人聯繫及與周遭世界達到和諧的感受，而這兩者對你長遠的健康很重要。

　　第一個重點就是增加運動量。研究指出，大多人久坐不動的時數多到不健康的程度，尤其是在辦公桌前埋頭苦幹的人。你的起點要看你的起步，如果一般來說，你很喜歡運動，只是開始工作後身材走樣，你的運動焦點可能就和從來不運動的人不同。如果你行動不便或有糖尿病、高血壓等疾病，請和醫師或物理治療師討論，從事不會危及你安全的活動。若你行動自如，可以參考以下建議按照目前的健康狀態展開活動。但若你有其他健康隱憂，請先諮詢醫師：

- 每天至少起身活動 30 分鐘。
- 每天設定走 1 萬步的目標。你不需要再買藍芽智慧運動手環，智慧型手機即可追蹤。

- 盡量自己做家事以及從事居家活動，而不是花錢找人代勞，以維持強健活躍的體態。

- 探索不同類型的活動，從散步、跑步、游泳到騎單車、跳舞、踢拳都可嘗試。或者當背包客、攀岩等更具冒險精神的活動。社區大學、教會、社區中心有不少活動都不用花錢或只需要一小筆費用。

- 為自己打造一個健身計畫，要包括有氧（心肺）運動和負重運動（舉重、揹著背包健行、功能性重量訓練），隨著年齡增長，也要維持骨骼和肌肉的強健。

- 要是你喜歡團體運動，可以定期上課。

- 考慮雇請短期私人教練，依照你目前的能力和興趣，量身訂做運動計畫。

- 報名社區休閒運動聯盟，像是成人足球隊或排球隊，逼自己保持活躍，同時保持社交互動。

- 報名賽跑或其他體育活動，給你準時報到特訓的動力。

- 規劃更盛大的冒險活動，例如：登山或騎單車環州，並為了參加活動而特訓。

- 繼續探索新型態的健身和運動，保持運動的趣味性。

- 定期報名活動或全新的團體運動課程，或是每幾個月買一套私人特訓課程。每月固定一天付費健身，可以鼓勵你在不想浪費錢的心態下持續運動。

262 不被工作綁住的
      防彈理財計畫

在現代社會，不健康的飲食不僅容易取得且也不貴。既然
現在你有很多時間，就可以認真準備自己的餐點，好好烹調健
康食品。不要聽信流行飲食法，研究顯示，這些飲食法一般
來說昂貴又沒效果，所以盡量吃未加工的新鮮食物，少鹽、少
糖、少脂肪。如果你從未留意自己的飲食，到社區大學上營養
學課程，或是諮詢營養學專家（可能健保有給付）都是不錯的
投資。不過研究亦顯示，從零開始烹煮餐點可以改善健康，同
時增進家人感情，可說是雙贏。再說下廚也很好玩！等你退休
有空了，以下是幾個可以讓飲食習慣變健康的方法：

- 去住家附近的商店購物，避開冷凍食品和乾貨區。
- 立下目標，每天從零開始煮一頓飯。
- 將多糖的即時燕麥片等速食，換成準備較耗時卻也比較
  健康（又便宜！）的傳統燕麥或燕麥粒。
- 上烹飪課，學習新技能。
- 每週嘗試一份新食譜，拓展個人的拿手菜。
- 學習在家如法炮製你最愛的餐廳菜色。糖、鹽巴、脂肪
  少放一點，並且增加蔬菜量。
- 定期購買社區支持型農業的農產品或小農製品，家裡就
  有源源不絕的新鮮蔬果。
- 每個月買一種你從未煮過的蔬菜，以不同方式實驗烹飪。
- 在家裡種植你最愛吃的蔬菜。

- 結識當地農夫市集攤商，要是成為朋友，說不定就能拿到折扣價。
- 詢問市集農夫可否讓你以工作換取農產品，例如：要是你每週幫他們顧一次攤位，可以免費換一盒有機蔬菜。

運動和飲食是維持改善身體健康的不二法則，確保你盡情享受全新生活。話說回來，規律的醫療保健也很重要。先不論你的健康保險是哪一種，即使是高自付額的健保計畫，平價醫療法案都規定每年一定要全額負擔一次預防性問診，請好好利用吧！每年進行一次年度健檢，同時記得打流感預防針，進行基本血液全檢，檢查是否有高膽固醇、荷爾蒙變化、糖尿病或肝病等新陳代謝疾病。以上都是法律規定的免付費服務，卻有太多人不懂善加利用，其中亦不乏購買保險的人。預防性保健絕對不可或缺，要是真有問題，就能提前察覺，比較容易治療，也會比較便宜。法律規定你的保險計畫必須提供心理保健服務，所以有需要就用吧。即便是提前退休的人，也可能憂鬱或焦慮，看心理醫師則對心理健康有幫助。照顧好自己指的不僅是身體健康，也要尋求心理保健協助，照顧好心理健康。

如果你連續好幾年都很健康，千萬別以為自己永遠都不會生病，專挑便宜的健康保險，或者沒算好自費保險的預算上限。當真正需要看病時，你要心裡有個底，無論何時都負擔得起保健服務，這樣一來，要是真正需要治療，就不用擔心錢的

問題。我們退休還沒幾個月，就學到這個慘痛教訓。當時我因腸胃嚴重發炎而病倒，很明顯的，我得去一趟醫院，而我卻拖了好幾個鐘頭，因為我知道我的病況沒達到高自付額的標準，必須全額自付急診費用。這件事讓我們學到一個教訓：以我們的情況來說，低自付額比較適合，我們才不會心有不甘，死撐著不肯尋求保健服務。事後更新保險時，我們也特別更改這個部分，寧可每個月多付一點錢，拉低自付額標準。

##  社會聯繫對健康的重要性

講到健康，我們通常只想到身體健康，但有件事實會嚇壞你：最長壽健康的人，都是社會關係最緊密的人。[1] 原來培養堅強的人際社交圈，也是維護身體健康的一大要素。提前退休後，你有更多與人相處的時間，同時也失去工作的社群。你在為了提前退休認真打拼時結交的社交圈，現在可能與你漸行漸遠，或是只是網友。另一個難處是，如果你提前退休，卻沒有朋友也提早退休，你或許會意外發現，每當你想找朋友出來時卻沒人有空。所以現在你就要下定決心，別讓自己措手不及，而你也要想方設法融入對你具有意義的全新社群。要是連努力都懶，你可能會發現提前退休生活分外孤單，而這不僅對健康有壞處，日子也很無聊。婚姻和親人的親密羈絆確實是很重要，但光這樣還是不夠，你仍少了一塊滿足社交需求的拼圖。

如果你認真生活、踏出家門，自然會結交到新朋友。比較困難的是主動再約他們出來，或詢問是否可以加入對方的團體。

　　我和馬克住在太浩湖的滑雪勝地，而我們最滿意的一點，就是當地居民的日常時程都很不傳統。老實說，會搬到太浩湖的人絕對不是為了事業更上一層樓，除非你是滑雪比賽選手。人們搬到這種地方，追求的正是這種生活方式，他們拼命賺錢，才能留在這裡生活，跟我們一樣，只是我們的情況正好相反。還在工作時，我們是這一帶的怪胎，只有週末才可以滑雪，而不是專挑週間人少時滑雪。每逢工作日，朋友約我們出來爬山或騎登山越野車，我們卻不得不婉拒，難免扼腕。但我們知道暫時婉拒，換得在這一帶居住的長久利益，是絕對值回票價的。居民的日常作息絕大多數很接近提早退休者。

　　另外還有一個優點，這裡盛行的文化正是節省的戶外活動，所以總有人願意加入划船、登山的行列，中午順便自帶便當野餐。滑雪小鎮的生活開銷通常不低，太浩湖絕非例外，但我們發現休閒和社交的花費不高，正好抵過高消費生活。即使山脈或小鎮不是你希望長期居住的環境，有件值得你深思的事：你選擇的居住地帶是否有許多與你興趣相投的人，在人人都在上班的時刻，可以和你出來。創意人群聚的大學城鎮特別適合創作者，有些地點則明顯適合海灘族群。無論你想要住在都市、郊區或親近大自然的鄉下，趁退休前仔細思考，居住地區的文化對你的健康和社交互動會造成什麼樣的影響，日後你

會感激不盡。

但無論白天是否很多人有空，先開始探索你展開新生活的落腳處。健身房遇見的人之中，或是常常在同一條路碰到的人當中，是否有你覺得有趣的人？即使對方不太眼熟，你還是可以主動攀談，主動找美術用品店裡站在你身旁挑畫筆、或在圖書館瀏覽歷史小說書區的人聊聊，畢竟你現在多的是時間，不用趕著去哪裡。你說不定會用這種方式遇見和你意氣相投，甚至時間正好和你相符的同好。

要是自然而然、不期而遇的方法不適合你，想一想你可以加入哪種新社團，認識新朋友、融入新社群。當地大學校友社通常是讓大學畢業生交流的好起點，另外幾乎每一種嗜好都會舉辦見面會。雖然感覺有點像重回約會的年紀，但要是你遇見有趣的人，可以邀對方來場朋友之間的約會，看他們是否願意賞臉喝杯咖啡或啤酒，抑或是否願意參加下一次在你家後院舉辦的聚會，好好利用機會觀察對方是否適合當朋友。交朋友最困難的一點，往往是提起勇氣，開口邀請對方，但你可以提醒自己，每個人都希望自己有這股勇氣，換個角度思考，跨出這一步就會比較容易。要是你能先開口，等於是幫了對方一個忙，很多人不僅願意當你的新朋友，還會很感激你先開口。

很多家長發現有了孩子後，自己的交友圈往往會受限，通常會自然而然和孩子年齡相仿的父母來往。達成提早退休的目標是一個很好的契機，讓你能結交到與你氣味相投、而不是單

純同樣有小孩的新朋友。

　　最後一個提醒，切勿受到年齡限制。如果你退休時還很年輕，和年紀較長的退休人士交朋友也無不可，可能還會驚喜地從他們身上學到傳統退休經驗。先不論退休的年齡，退休人士都很可能面臨身份認同的失落感，以及創造生活架構和人生意義的陌生感受。另外，每個人都應該多交幾個比自己年輕的朋友。提前退休之故，我們脫離了讓我們認識到流行趨勢和嶄新科技的職場，導致與科技革新及其他當代文化脫節。和年輕人當朋友，你就不用擔心會與時代脫節，也不會有感覺自己太快變老的風險（跟上基本的科技新知。你不必什麼新潮貨都買，也不用每個新社群網站都註冊，但不能不認識目前普遍的趨勢潮流）。

　　除了交朋友外，提前退休是將家庭擺在優先順位的大好時機，畢竟這是你還在工作時不可能做的事。如果你有孩子，可以規劃一場大型冒險，創造值得永存的回憶；即使只是在後院或城市公園，有何不可？如果兄弟姊妹住在遙遠的地方，不妨利用這段時間前去探望他們；出席你工作忙碌時沒空參與的聚會和家族團聚；要是年邁父母仍然健在，盡量多陪伴他們，幫他們完成尚未實現的願望；協助他人完成目標，甚至只是在一旁陪伴，成就感絲毫不輸完成個人目標的那一刻。

## 深思心靈的健康

　　多年來，每當有人問我提前退休後要做什麼，我都會誠懇回答：「我會認真思考長大後我想做的事。」我是認真的。在退休前，我不認識不受工作或學業壓力綁架的自己，也不認識那個利用不只是週末或幾週年假、展開個人計畫案的自己；我不認識那個追尋個人熱情、不計較成果的自己，更別說我也不認識那個擁有無限潛能的自己；我甚至不認識那個睡眠充足的自己。但是現在我擁有這個不得了的特權，可以認識那個自己，傾聽全新發掘的自我有哪些需求，過一個更重視個人身心靈健康的生活。

　　最重要的，就是**理想的健康人生裡，可以從不斷學習的過程感到富足，並在持續成長的路上接受挑戰。你需要受到認同，知道自己是社群裡備受重視的一分子。**我換個方式說，被問到「你在哪裡高就？」這種表面的問題時，思考展開新生活後的你可以用什麼有意思的方式回答，就算別人不覺得有意思，至少自己也要覺得有意思。你的答案應該與社會對我們的期望背道而馳。

　　研究告訴我們，社會最尊敬退休後行程排得「緊密繁重」的人，忙碌活躍的程度幾乎不輸給全職工作者。[2]但這不應該是推動你的力量，千萬別瞎忙，也不要去迎合社會對你的期望，要過就過一個你覺得有意思、能與你重視的社群產生共鳴

聯繫的人生。根據韋斯的研究，最理想的狀態是可以花時間在智力與情緒都有正面收穫的事物上、減少社會孤獨的機會、保持自我價值感、降低自我要求和壓力。所以說，你全新的活動應該能符合下列所有條件：

- 持續學習新事物。
- 得到情緒獎勵。
- 參與社會活動。
- 獲得正面反饋，感受自我價值。

回顧 Part 1，找到你在脫離工作限制後想做的事，看看上面哪個事項符合你的計畫。至於不符合的事項，可以思考運用下列策略，讓你更健康、人生更完整，同時欣然接受情況可能改變。例如：某件事曾讓你從工作高壓中獲得釋放，你本來以為這也可以填滿全新生活，卻在停止忙碌後覺醒，其實這件事無聊到難以忍受。如果你遇到這個狀況，發現沒符合其中一個事項，請重返清單查看。

## 發揮你的好奇心，活到老學到老

人類天生是充滿好奇心的動物，提前退休後我們就有機會學習一直想學的東西。所以好好鑽研興趣吧！報名社區大學課程、選修網路語言課程、觀看 YouTube 影片，學習可以在家

運用的 DIY 技巧（這很加分，既可省錢，還能省去外包的麻煩）、嘗試全新類型的健身活動，把自己當一輩子的學生，源源不絕的知識就是你的獎賞。

## 複製你最擅長的工作

第 8 章我們要你回想最擅長的工作優勢，當作抵擋不耐煩、專注於工作好處的方法。如果你已經提前退休，卻驚覺你很想念自己最擅長的事，可以在脫離工作限制後複製讓你樂在其中的工作。韋斯的研究發現，工作上的傑出表現能帶給人身分認同的感受，會讓人產生自信，而這一部分與個人成就和貢獻獲得認可有關。再不然，我認為應該是受到賞識時人會生龍活虎，然而一旦不再工作，就比較難獲得這種感受。與其接受事實，你可以把這當成你的任務，退休後找到方法，持續發光發熱，感受自我價值。

就我來說，我在工作上最擅長的就是簡報演說，所以退休後我也盡量保持下去。由於我針對提前退休的議題寫作和寫部落格，因此討論的多半是這個話題。不過我也很樂意對當地社群團體演講，讓每個人有機會學習成為環保小尖兵。要我到當地學校傳授野外安全知識，也是樂意之至。回想你工作上最拿手的絕活，策劃稍微將這個絕活融入你的新生活當中。

打造一個讓你保持活力又健康的新生活，全心全意學習，與周遭的人交流連結，同時不忘善用個人最強絕技，我相信這

麼一來，你就能度過一個長久幸福健康的人生。

## 人生規劃檢查清單

☐ 完成本書最後面的「不被工作綁住的人生調查表」，確定退休計畫的所有要素，從理財任務宣言乃至退休後的身心健康，都已經深思熟慮過一番。

☐ 參照本書的「實踐財務獨立的十大準則」。

☐ 定時回顧檢視你的理財任務宣言、生活開支、儲蓄順序、整體進度。

☐ 好好享受過程吧！

# 第 12 章
# 度過一個有意義的人生

人生的目標就是貢獻一己之力，讓世界更美好。

—— 羅伯特・F. 甘迺迪（Robert F. Kennedy），
政治人物、美國前總統約翰・甘迺迪之弟

　　雖然當作家已經不是一兩天的事，我卻沒想過有天會寫理財書。畢竟我不是理財專家，只是一個乖乖做功課、偶爾想太多的書呆子。不過我寫這本書的用意，其實跟當初用部落格記錄提前退休一樣：我希望提前退休探討的是人生，而不是財富。

　　財富是我們生活密不可分的一部分，然而要是我們像財務獨立提前退休（FIRE）社群，把提前退休理財化為報表、適切化、儲蓄率，相互比較「節儉派 FIRE」和「富有派 FIRE」，那就劃錯重點了。提前退休不是單純為了累積財富，也不是為我們做出的每個選擇貼上標籤。**提早退休不是比較誰最省吃儉用，誰最懂走捷徑賺取旅遊點數，而是活出自我的夢想，在有限時間內實踐人生，好好把握大多人一直不敢想的機會。**

　　提前退休是活出充滿目標的人生，完全屬於自我的人生。

人生路上，你的身分多半已經由他人決定。你是一個小孩、一個學生，工作職場上的一名員工。當然，你的身分也可以百變：你是別人的兒女、朋友、伴侶，你也可能是父母或祖父母。你是棒球教練，你是萬聖節派對策劃人，或是那個總是在 KTV 大唱邦喬飛「為祈禱而生」（Livin' on a Prayer）的人。但每個人最主要的身分，往往都不是自己的選擇。

然而要是你過著不被工作綁住的人生，就能以自己選擇的身分和目標改頭換面。心理學家兼作家南茜・施洛斯伯格（Nancy Schlossberg）專門研究轉變期狀態的退休人士。彙整退休者的特點後，她發現這些人的共同點是發揮個人重要性的欲望。[1] 雖然有些人關切的重點是自尊，但這也暗示著超越自尊的意義：不只顧及自我，還有為他人貢獻的欲望，即使是離職後也是。換句話說，這是對於改變的一種欲望。研究一再顯示，抱著目標生活的人，會比單純追尋幸福的人活得快樂。

日本沖繩的居民不但幸福度高也很長壽，在日本文化中有一種名為「生き甲斐」的概念，字面翻譯是「生存的意義」，意思是每天都有讓你想活下去的人生目標。《藍色寶地：解開長壽真相，延續美好人生》（*Blue Zones: Lessons on Living Longer from the People Who've Lived the Longest*）作者丹・布特尼（Dan Buettner）提到，雖然不是每個地方都有描述這個概念的詞彙，人口最長壽的世界各區都流傳著類似的文化概念：在社群中扮演某個角色，並把這當作個人目標。真實活出「生存

意義」的意思就是自由並且自然參與符合個人價值的活動，與他人聯繫，讓你感覺自己的生命在偉大框架裡占有舉足輕重的地位。

雖然我不是理財專家，但我對「使命」兩個字卻再熟悉不過。我職業生涯的角色，絕大多數都是協助活動組織，幫他們找到公司的使命，我希望這本書也可以協助你找到使命。把使命當作一個開放的問題，隨著你成長，體會到財務安穩、無事一身輕時，再回頭思索這個問題。接下來，無論處於人生哪個階段，都莫忘最初的使命。當你感覺儲蓄遙遙無期，這個使命會是你的助力，當你達成目標，它也會讓勝利的果實更甘甜。

你為自己爭取到了嶄新的人生，為自己立下一個使命，即使再微不足道，都要當一股良善的力量。慷慨待人，不求回報，分享知識，回饋貢獻，貢獻愛心，心懷感恩，要是連時間最多又享有財務安穩的我們都無法改變世界，還有誰能改變世界？（就是我們，而且我們一定辦得到。）

想像一下，要是提早退休變成全世界的主流趨勢，人們的平均事業期縮減，我們就能創造工作機會，讓更多新進員工加入經濟體，集體減少消費、減輕地球的負擔。一般員工在 60 歲前離開職場，在更年輕有活力的年齡享有自由。工作壓力減緩，時間限制降低，我們就能活得更健康有活力。思考人生意義和目的等重大問題，甚至實踐人生則成了一種基準。

思考一下，每個脫離工作限制的退休人士要是能善用一己

之力，我們能解決多少社會面臨的巨大挑戰。提前退休運動正
在迅速蔓延，我們的勢力越是龐大，就越有力量，可以改變世
界，並讓世界變得更美好。

你呢？你打算怎麼運用你的力量？

# 致謝詞

著手這本書之前,我從沒想過幕後會有多少人參與,幫忙協調所有大小事,所以我要感謝的高手真的有一整村那麼多。首先,我要感謝阿歇特出版社(Hachette Books)的全體團隊,讓這本書成功問世,讓我實現畢生美夢。我到現在還在掐自己,確定這不是一場夢。

當然,沒有提前退休的話,就不會有這本書。而要是沒有我最棒的老公馬克·邦齊(Mark Bunge),我們也不可能提前退休。所以我要謝謝馬克,感謝你一直以來當我的最強理財搭檔、全年無休的啦啦隊長、體貼的讀者、技術了得的報表高手,你教我慷慨,讓我能為遠大夢想行動,每天逗得我開懷大笑。你出色非凡,鼓舞人心,這個世界很幸運有你,而可以在你身邊的我更幸運。

要是沒有我傑出的經紀人,露辛達文學社的露辛達·布魯梅恩菲爾德(Lucinda Blumenfeld),這本書就不可能誕生。露辛達,謝謝妳相信我,也謝謝妳相信這本書,感謝妳在每個轉捩點提供見解和扶持,能和妳合作是我天大的榮幸。我也想謝謝露辛達文學社的寇納·艾克(Connor Eck)和凱特琳·塔特

洛（Caitlin Tutterow），感謝你們一路上莫大的協助。

深深感謝阿歇特出版社的編輯克里桑・特羅德曼（Krishan Trotman），放膽陪我一腳踏入個人理財的泥沼深處。克里桑，我真的很感謝你在寫作過程提供想法，謝謝你一針見血的建議，也謝謝你推了我一把，讓這本書成為不只是給數學書呆子看的書。

謝謝在這條路上陪伴協助我的所有出色女作家與編輯。凱特・法蘭德斯（Cait Flanders），妳的慷慨精神鼓舞人心，我很感激妳的友情與贊助，讓這本書成真。艾琳・羅里（Erin Lowry）、克莉絲汀・王（Kristen Wong）、伊莉莎白・泰晤士（Elizabeth Thames）、潔希・達爾波昂（Jess d'Arbonne），謝謝妳們與我分享妳們的知識，讓這條路不那麼崎嶇難行。我的播客主持搭檔兼姊妹淘，卡拉・佩雷茲（Kara Perez），謝謝妳一路上為我鼓舞，也感謝妳在我為了趕稿而拖延播客時，沒有對我咆哮。謝謝蜜雪兒・赫利（Michelle Howry）、麗莎・韋斯特莫雷蘭（Lisa Westmoreland）、諾拉・羅恩（Nora Rawn），謝謝妳們相信我、相信這本書，妳們的信心對我意義重大。

維琪・魯賓（Vicki Robin）的入門書《富足人生：要錢還是要命》是我這幾年的靈感來源。維琪，妳至今仍是我的靈感來源，謝謝妳當我們的理財獨立始祖，教我用不同角度思考財富的意義，也繼續當 FIRE 社群良心的聲音。感謝部落客彼得・艾德尼（Pete Adeney；理財鬍子先生）、布蘭登（Brandon，

Mad Fientist 部落格主人）、卡斯登‧傑斯基（Karsten Jeske，「提早退休不用等」（Early Retirement Now）部落格主人），謝謝你們將提早退休的入門概念分門別類，提供各種有關 FIRE 的討論。感謝提前退休教父 J. D. 羅斯（J. D. Roth）對這本書提供寶貴建議。謝謝羅伯特（Robert Charlto）和羅蘋‧查爾頓（Robin Charlton）對我和馬克保證，我們的理財數字很妥當，可以安然提前退休。另外也謝謝所有大方分享故事及提供本書案例的家人朋友。

部落格「下一站人生」的各位讀者，我永遠感謝你們，尤其是留言或寫信分享經驗的朋友。因為你們的支持，這本書成功誕生了，你們的故事也用大大小小的形式，為本書提供資訊。「公平美金」（The Fairer Cents）的聽眾，我要給你們大大的擁抱，擊個掌吧！繼續搖滾下去！

雖然在一本教人離職的書裡感謝長期合作的老闆好像很奇怪，但我對我的人生事業篇章無比驕傲，完全不輸達成財務獨立、邁向人生新篇章時的驕傲。我必須感謝鼓勵我在工作上做自己、每個階段都在身旁支持我的同事和經理。真心感謝安妮‧伯恩斯（Annie Burns）、珍娜‧葛斯（Janet Goss）、克雷格‧皮內羅（Greg Pinelo），謝謝你們，我的超級心靈導師，感謝你們為我發聲、當我的朋友，讓我知道一個人不僅可以事業成功，也可以是體貼的好人。

接著，我想用力感謝法蘭西絲‧布雷斯納漢（Frances

Bresnahan）、奧利佛‧葛利斯沃德（Oliver Griswold）、凱爾西‧霍爾（Kelsey Howe）、艾蜜莉‧尼茲（Amelia Nitz）、梅根‧沙瑟（Megan Sather）、戴夫‧托比（Dave Tobey）、艾麗‧瓦格納（Allie Wagner），你們讓工作變得分外有趣、充滿成就感（還要謝謝戴夫差點幫我取好書名）。謝謝比爾‧德倫蒙（Bill Drummond）幾年前教我當記者的意義。謝謝茹絲‧安‧雷內恩（Ruth Ann Reynen）說服我，我可以當數學家，也可以當作家。創作這本書時，妳的話語不斷在我腦海裡盤旋。

講到夫家，我深信當初嫁給馬克那一刻，就已經中了大獎。由衷感謝邦齊家族的所有人：勞夫、寶拉、傑夫、愛麗森‧彼得森（Allison Pettersson），謝謝你們多年來的愛心與支持，尤其在我和馬克分享這個聽來瘋癲又幼稚的人生計畫時，你們仍然力挺到底，我很幸運成為這個家庭的一分子。

最後，我最要感謝的人是我的老爸，路易斯‧海斯特（Lewis Hester）。你是我這一生的心靈導師，不斷激勵我，你也是為我搖旗吶喊的啦啦隊、我第一個提前退休的行為模範。你教我活得坦蕩蕩，為了正確的事情而戰，不要懷疑自己的能力。要是沒有你，我不敢想像自己會變成什麼樣的人。有更多時間陪伴你，就是提前退休最具有意義的一件事。

附錄 1

# 不被工作綁住的
# 人生調查表

　　朝向嶄新人生前進之前，請先確定你可以回答以下題目：

1. 請闡述你的理財任務宣言。

　　_____

　　_____

　　_____

2. 你要如何在沒有傳統全職就業的情況下，保持長期的收入來
　　源？（可複選）

　　☐ 市場為主的投資。

　　☐ 出租房地產。

　　☐ 兼職工作。

　　☐ 被動事業收入。

　　☐ 其他，請說明：_____

　　_____

3. 要是發生不可預期的財務困難，請問你安排了哪些應變措
施？（可複選）

　□ 低安全提領率（低於 3.5%）。

　□ 2 ～ 3 年的現金花費。

　□ 可縮減空間或完整出售的住家。

　□ 可以額外出售的出租房屋。

　□ 房屋淨值信用額度（HELOC）。

　□ 羅斯 IRA 資金。

　□ 其他，請說明：＿＿＿＿＿＿＿＿＿＿＿＿＿＿＿

　＿＿＿＿＿＿＿＿＿＿＿＿＿＿＿＿＿＿＿＿＿＿＿＿

4. 如何確定你享有優良保健品質？（可複選）

　□ 購買 ACA 健保計畫，直到符合美國老年醫療保險條件。

　□ 兼職工作，維持雇主贊助的保險範圍。

　□ 獲取軍人健保（三級照護 / 退伍軍人健康保險等）。

　□ 加入教會醫療保健分享計畫。

　□ 安排保健旅遊，參與可以提前規劃的醫療程序。

　□ 進行牙醫旅遊。

　□ 其他，請說明：＿＿＿＿＿＿＿＿＿＿＿＿＿＿＿

　＿＿＿＿＿＿＿＿＿＿＿＿＿＿＿＿＿＿＿＿＿＿＿＿

5. 如何確保維持身心健康？（可複選）

　　☐ 設定活動目標。

　　☐ 為了確實運動，報名參與活動。

　　☐ 報名課程或訓練。

　　☐ 在家多進行手工活。

　　☐ 從零開始烹飪。

　　☐ 在家種植農產品。

　　☐ 定時安排身體檢查、參與預防性醫療保健。

　　☐ 學習新技能。

　　☐ 定期上課，學習新科目或技能。

　　☐ 站在時代尖端，認識全新科技。

6. 請描述每個人生章節的居住情況（例如：繼續住在目前的
　　家、搬到較小的房子、搬到新地區、全年無休漂泊旅行、全
　　天候在露營車生活）。

　　☐ 財富累積階段：

　　☐ 提前退休階段：

　　☐ 傳統退休階段：

　　☐ 晚年生活：

　　☐ 其他，請說明：＿＿＿＿＿＿＿＿＿＿＿＿＿＿＿＿

　　＿＿＿＿＿＿＿＿＿＿＿＿＿＿＿＿＿＿＿＿＿＿＿＿＿＿

7. 你希望提前退休的日常生活是什麼模樣？

_____

_____

_____

8. 請問你如何讓自己保持強烈的社會聯繫？（可複選）

☐ 結交彼此時間可以配合的新朋友。

☐ 結交比自己年輕的朋友。

☐ 結交比自己年長的朋友。

☐ 為家人排出更多相處時間。

☐ 參加新社團或社區團體。

☐ 其他，請說明：_____

_____

9. 對於人生和理財目標，如何與另一半達成共識？（可複選）

☐ 討論彼此期望的人生，開始理財計畫。

☐ 每個月安排幾場理財約會。

☐ 讓兩人擁有消費自主權（信託加上零用錢，或是看情況決定玩樂基金）。

☐ 時常查看人生目標。

☐ 培養共同嗜好。

☐ 退休前先有共識，若分居或離婚，財務面該如何處理。

10. 你會怎麼定義離開傳統事業後的自己？

　　_____

　　_____

　　_____


11. 你的目標是什麼？你希望自己對周遭的人而言是怎樣的存
　　在？你希望為後代留下什麼？

　　_____

　　_____

　　_____

## 附錄 2

# 實踐財務獨立的十大準則

一、提出數字前，先想像你想要的人生。

二、儘早進行經常性投資，用錢滾錢。

三、打造出不用強大意志力，就能成功存錢的理財系統。

四、限制開銷，增加收入，不用一毛不拔就能快速累積儲蓄。

五、記住萬物都會上漲：投資、所得、通貨膨脹，無一不漲！

六、知足感恩，不以消費換取開心，這種快樂通常不持久。

七、如果你有另一半，記得和對方一起規劃每個階段，兩人攜
　　手前進。

八、投資健康是絕對必要的。

九、在人生每個階段，密切的社交聯繫非常重要。

十、度過一個有意義的人生，而不只是一個不用工作的人生。

附錄 3

# 補充資源

## 延伸閱讀（以下中文書名為暫譯）

- 《富足人生：要錢還是要命》（*Your Money or Your Life*），維琪・魯賓和喬・杜明桂

- 《屬於你的最強保健》（*Your Best Health Care Now*），法蘭克・拉里（Frank Lalli）

- 《退休新人生》（*Revitalizing Retirement*），南茜・施洛斯伯格

- 《社會福利、美國老年醫療保險、政府退休撫卹》（*Social Security, Medicare, and Government Pensions*），喬瑟夫・馬修斯（Joseph Matthews）

- 《IRA、401(k) 和其他退休計畫》（*IRAs, 401(k)s, and Other Retirement Plans*），特威拉・史雷斯尼克（Twila Slesnick）和約翰・C・舒特爾（John C. Suttle）

- 《事業第二春》（*Second-Act Careers*），南茜・柯拉莫（Nancy Collamer）

- 《我可以退休了沒？人生後半段的重大財務決策》(*Can I Retire Yet? How to Make the Biggest Financial Decision of the Rest of Your Life*)，戴羅‧基爾帕特里克（Darrow Kirkpatrick）
- 《邁向財富的捷徑》(*The Simple Path to Wealth*)，J. L. 柯林斯（J.L.Collins）

## 線上資源

- 本書特設網站：TheWorkOptionalBook.com，本書裡所有報表和資源皆供下載編輯版本。
- 下一站人生：ournextlife.com，我的部落格，記錄我和馬克提前退休的完整經過，並深入探討我們一路上面臨的諸多財務和情緒問題。
- 提早退休不用等：earlyretirementnow.com，要是你想仔細計算提早退休數字，尤其要是對安全提領率和順序報酬風險等話題感興趣，這就是最適合你的部落格。
- 眾包 FIRE 模擬器（cFIREsim）：cfiresim.com，非常適合計算退休數字和路線圖假設數值的蒙地卡羅模擬器。
- Investor.gov 複利計算機：investor.gov/additional-resources/free-financial-planning-tools/compound-interest-calculator，適合用來決定傳統退休的儲蓄金額，請務必使用實際報酬率，算進通貨膨脹，並使用「今日美金幣值」計算，而不是未來的名

目報酬率，亦即通貨膨脹後的美金。

• Bankrate 儲蓄提領計算機：bankrate.com/calculators/savings/ savings-withdrawal-calculator-tool.aspx，由於反映出提領率，因此可大致算出半退休年份所需的儲蓄金額。請務必使用實際報酬率，算進通貨膨脹，並使用「今日美金幣值」計算，而不是未來的名目報酬率，亦即通貨膨脹後的美金。

• IRS 72T 規定及定期等量提款（SEPP）的資訊：irs.gov/ retirement-plans/retirement-plans-faqs-regarding-substantially- equal-periodic-payments。

• 聯邦季預估稅資訊：irs.gov/businesses/small-businesses-self- employed/estimated-taxes。

• CAPE 中間指數參考資料：multpl.com/shiller-pe。

• 大口袋教育網（BiggerPockets）：biggerpockets.com，提供深度資源、最包羅萬象的房地產教育網

# 附錄 4

# 參考資料

1. Dana Wilkie, "Workplace Burnout at 'Epidemic Proportions,' " Society forHuman Resources Management, January 31, 2017. https://www.shrm.org/resourcesandtools/hr-topics/employee-relations/pages/employee-burnout.aspx.

2. ComPsych Corporation, annual wellness report 2012. Referenced at https://www.prnewswire.com/news-releases/compsych-report--employee-stress-and-life-changes-impact-overall-well-being-164262886.html.

3. Lydia Saad, "The '40-Hour' Workweek Is Actually Longer—by Seven Hours," Gallup, August 29, 2014. http://news.gallup.com/poll/175286/hour-workweek-actually-longer-seven-hours.aspx.

4. Dave Gilson, "Overworked America: 12 Charts That Will Make Your Blood Boil," Mother Jones, July/August 2011. http://www.motherjones.com/politics/2011/05/speedup-americans-working-harder-charts.

5. Eric Garton, "Employee Burnout Is a Problem with the Company, Not the Person," Harvard Business Review, April 6, 2017.

https://hbr.org/2017/04/employee-burnout-is-a-problem-with-the-company-not-the-person.

6. Lawrence Mishel, "Vast Majority of Wage Earners Are Working Harder, and Not for Much More," Economic Policy Institute, January 30, 2013. https://www.epi.org/publication/ib348-trends-us-work-hours-wages-1979-2007.

7. Ellen Galinsky et al., "Overwork in America," Families and Work Institute, 2004. http://familiesandwork.org/downloads/OverworkinAmerica.pdf.

## 第 1 章

1. Mark Miller, "Take This Job and Love It," AARP Magazine, February/March 2015. https://www.aarp.org/work/working-after-retirement/info-2015/work-over-retirement-happiness.html.

2. Social Security Administration, "Social Security History." https://www.ssa.gov/history/lifeexpect.html.

3. Social Security Administration, "Age 65 Retirement." https://www.ssa.gov/history/age65.html.

4. Dora L. Costa, The Evolution of Retirement (Chicago: University of Chicago Press, 1998).

5. Bureau of Labor Statistics, "Labor Force Projections to 2012: The Graying of the U.S. Workforce." https://www.bls.gov/opub/mlr/2004/02/art3full.pdf.

6. Rebecca Riffkin, "Average U.S. Retirement Age Rises to 62," Gallup, April 28, 2014. http://news.gallup.com/poll/168707/average-retirement-age-rises.aspx.

7. Rebecca Riffkin, "Americans Settling on Older Retirement Age," Gallup, April 29, 2015. http://news.gallup.com/poll/182939/ americans-settling-older-retirement-age.aspx; Art Swift, "Most U.S. Employed Adults Plan to Work Past Retirement Age," Gallup, May 8, 2017. https://news.gallup.com/poll/210044/ employed-adults-plan-work-past-retirement-age.aspx.

8. Robert S. Weiss, The Experience of Retirement (Ithaca, NY: ILR Press, 2005).

9. Lydia Saad, "Paying for Medical Crises, Retirement Lead Financial Fears,"Gallup, May 3, 2018. http://news.gallup.com/ poll/233642/paying-medical-crises-retirement-lead-financial- fears.aspx.

10. Lisa Greenwald, Craig Copeland, and Jack VanDerhi, "The 2017 Retirement Confidence Survey: Many Workers Lack Retirement Confidence and Feel Stressed about Retirement Preparations," Employee Benefit Research Institute,March 21, 2017. https://www.ebri.org/pdf/surveys/rcs/2017/IB.431.Mar17. RCS17.21Mar17.pdf.

## 第 3 章

1. Dennis Jacobe, "One in Three Americans Prepare a Detailed Household Budget," Gallup, June 3, 2013. http://news.gallup. com/poll/162872/one-three-americans-prepare-detailed- household-budget.aspx.

**296** 不被工作綁住的
防彈理財計畫

## 第 4 章

1. Jim Norman, "Young Americans Still Wary of Investing
   in Stocks," Gallup,May 4, 2018. http://news.gallup.com/
   poll/233699/young-americans-wary- investing-stocks.aspx.
2. Trevor Hunnicutt, "Index Funds to Surpass Active Fund
   Assets in U.S. by 2024: Moody's," Reuters, February 7, 2017.
   https://www.reuters.com/article/us-funds-passive/index-
   funds-to-surpass-active-fund-assets-in-u-s-by-2024- moodys-
   idUSKBN15H1PN.

## 第 5 章

1. "Buying Home More Affordable than Renting in 54 Percent
   of U.S. Markets," Attom Data Solutions, January 9, 2018.
   https://www.attomdata.com/news/affordability/2018-rental-
   affordability-report.

## 第 6 章

1. Jeff McComas, "Early Retirement," in The Bogleheads' Guide
   to Retirement Planning, ed. Taylor Larimore, Mel Lindauer,
   Richard A. Ferri, and Laura F.Dogu (Hoboken, NJ: John Wiley
   and Sons, 2009).
2. Karsten Jeske, "The Ultimate Guide to Safe Withdrawal
   Rates—Part1: Introduction,"Early Retirement Now. https://
   earlyretirementnow.com/2016/12/07/the-ultimate-guide-to-safe-
   withdrawal-rates-part-1-intro.

3. Jeremy J. Siegel, Stocks for the Long Run (New York: McGraw-Hill Education, 2014).

4. Robert S. Weiss, The Experience of Retirement (Ithaca, NY: ILR Press, 2005).

## 第 7 章

1. Thomas J. Stanley and William D. Danko, The Millionaire Next Door: The Surprising Secrets of America's Wealthy (New York: Simon & Schuster Pocket Books, 1996).

## 第 8 章

1. Bureau of Labor Statistics, "Occupational Projections and Worker Characteristics, 2016–2026," 2016. https://www.bls.gov/emp/tables/occupational-projections-and-characteristics.htm.

## 第 10 章

1. Bureau of Labor Statistics, "Occupational Projections and Worker Characteristics, 2016–2026," 2016. https://www.bls.gov/emp/tables/occupational-projections-and-characteristics.htm.

2. Phyllis Moen, Jungmeen E. Kim, and Heather Hofmeister, "Couples' Work/Retirement Transitions, Gender, and Marital Quality," Social Psychology Quarterly 64, no. 1 (2001): 55–71.

## 第 11 章

1. Liz Mineo, "Good Genes Are Nice, but Joy Is Better," Harvard

Gazette, April 11, 2017. Extensively references the Harvard Study of Adult Development, an 80-year-long longitudinal study that began in 1938.

2. David Ekerdt, "The Busy Ethic: Moral Continuity Between Work and Retirement," Gerontologist 26, no. 3 (1986): 239–244.

## 第 12 章

1. Nancy Schlossberg, Retire Smart, Retire Happy (Washington, DC: American Psychological Association, 2003).

翻轉學 翻轉學系列 018

# 不被工作綁住的防彈理財計畫
## 告別傳統職場的多型態退休，讓你經濟獨立，擁有理想生活的選擇權

作　　　者　湯雅・海斯特（Tanja Hester）
譯　　　者　張家綺
總 編 輯　何玉美
主　　　編　林俊安
責任編輯　林謹瓊
封面設計　FE 工作室
內文排版　黃雅芬

出版發行　采實文化事業股份有限公司
行銷企劃　陳佩宜・黃于庭・馮羿勳・蔡雨庭
業務發行　張世明・林踏欣・林坤蓉・王貞玉
國際版權　王俐雯・林冠妤
印務採購　曾玉霞
會計行政　王雅蕙・李韶婉
法律顧問　第一國際法律事務所　余淑杏律師
電子信箱　acme@acmebook.com.tw
采實官網　www.acmebook.com.tw
采實臉書　www.facebook.com/acmebook01

I S B N　978-986-507-031-1
定　　　價　360 元
初版一刷　2019 年 9 月
劃撥帳號　50148859
劃撥戶名　采實文化事業股份有限公司
　　　　　104 台北市中山區南京東路二段 95 號 9 樓
　　　　　電話：(02)2511-9798　傳真：(02)2571-3298

國家圖書館出版品預行編目

不被工作綁住的防彈理財計畫：告別傳統職場的多型態退休，
讓你經濟獨立，擁有理想生活的選擇權 / 湯雅 . 海斯特 (Tanja
Hester) 著；張家綺譯 . -- 初版 . -- 台北市：采實文化，2019.08
304 面；14.8×21 公分 . --（翻轉學系列；18）
譯自：Work optional : retire early the non-penny-pinching way
ISBN 978-986-507-031-1（平裝）

1. 退休　2. 生涯規劃　3. 理財

544.83　　　　　　　　　　　　　　　　　108011253

采實出版集團
ACME PUBLISHING GROUP

版權所有，未經同意不得
重製、轉載、翻印

翻轉學

翻轉學